AF398166

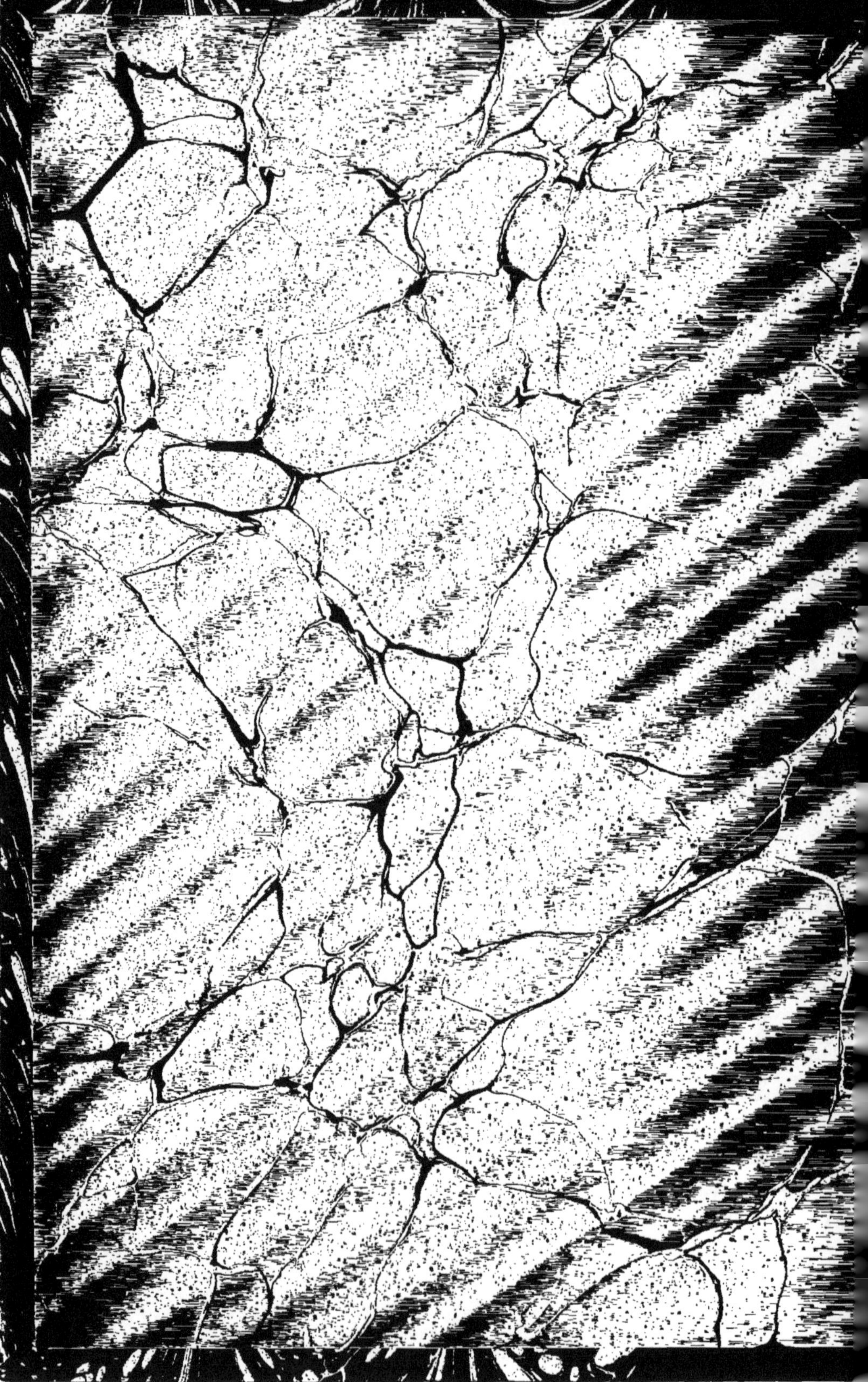

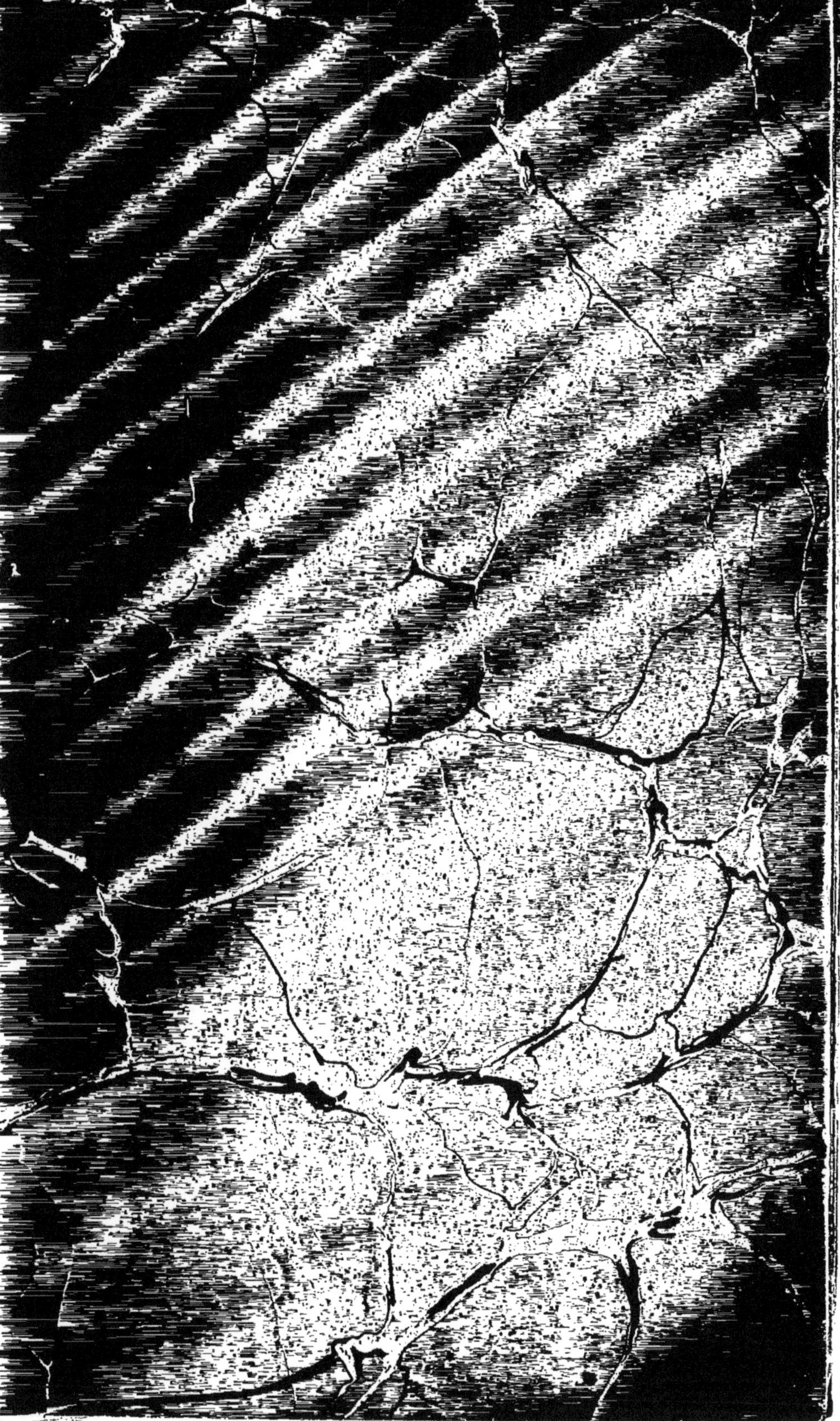

L'ÉGLISE

St THOMAS D'AQUIN

PENDANT LA RÉVOLUTION

1791–1802

D'après des documents inédits

PAR

VICTOR PIERRE

PARIS

RETAUX-BRAY, LIBRAIRE-ÉDITEUR

82, Rue Bonaparte, 82

1887

L'ÉGLISE

SAINT-THOMAS D'AQUIN

PENDANT LA RÉVOLUTION

L'ÉGLISE

St THOMAS D'AQUIN

PENDANT LA RÉVOLUTION

1791-1802

D'après des documents inédits

PAR

VICTOR PIERRE

PARIS

RETAUX-BRAY, LIBRAIRE-ÉDITEUR

82, Rue Bonaparte, 82

—

1887

AVIS.

Pendant la Révolution, toutes les paroisses de Paris eurent à subir l'intrusion du schisme constitutionnel, la spoliation par voie administrative et l'invasion populaire.

L'église Saint-Thomas d'Aquin n'échappa pas à ces épreuves.

Simple chapelle de couvent, mais chapelle somptueuse et très fréquentée, un décret des pouvoirs publics, sans que l'autorité ecclésiastique soit intervenue, lui conféra le nom qu'elle porte aujourd'hui et en fit une paroisse *constitutionnelle*.

Sur cette période de 1791 à 1802, les auteurs les plus récents de publications officielles relatives à l'histoire de Paris ont gardé un silence complet. Ai-je eu tort d'être plus curieux? Quelques rencontres heureuses aux Archives Nationales m'ont fourni les parties principales de cette modeste étude. M. l'abbé Ravailhe, curé de la paroisse, m'a permis de consulter les procès-verbaux tenus par

les administrateurs temporels, de 1795 à 1802 ; le
R. P. Chapotin, des Frères-Prêcheurs, m'a donné de
précieux renseignements sur les derniers jours de
la vie dominicaine dans le Noviciat des Jacobins de
la rue du Bac. Je me plais à leur en renouveler
ici mes remercîments.

Victor Pierre

19 février 1887.

SAINT-THOMAS D'AQUIN

PENDANT LA RÉVOLUTION

I

Le Noviciat général des Jacobins de la rue du Bac. — L'église du couvent : sa distribution. — Frère André, peintre. — Lois qui confisquent les biens ecclésiastiques et qui suppriment les vœux monastiques. — Déclarations des religieux : leur fidélité à leur Ordre et à leur maison ; inventaires. — Décret-loi du 4 février 1791 qui érige en paroisse constitutionnelle l'église des Jacobins de la rue du Bac, sous le nom de Saint-Thomas d'Aquin. — La municipalité déménage le couvent. — Expulsion des religieux ; mort du P. prieur ; vingt pères se réfugient dans les greniers et y demeurent jusqu'au 5 octobre 1793.

Le 13 mai 1631, quatre religieux dominicains vinrent s'établir dans une modeste maison située au coin de la rue du Bac et du chemin des Vaches, pour y fonder, sous l'autorité immédiate du chef de l'Ordre, un noviciat général des Frères Prêcheurs. Louis XIII leur accorda des lettres patentes qui furent enregistrées le 4 août 1632 au Parlement de Paris. Ils se rendirent alors acquéreurs de vastes terrains, construisirent une chapelle provisoire et des bâtiments pour le noviciat ; puis, en bordure de la rue du Bac et de ce chemin des Vaches qui, vers 1643, avec permission de l'abbé de Saint-Germain des Prés, prit le nom de rue Saint-Dominique, ils élevèrent dix-sept maisons ou hôtels dont la location allait former leur principale ressource.

On sait que les Religieux de Saint-Dominique s'étaient dans l'origine établis rue Saint-Jacques : de là leur était venu, à Paris du moins, le nom de Jacobins. Ce nom traversa quatre siècles : l'usage l'étendit aux deux couvents qui se fondèrent plus tard ; on ne les distingua que par le nom de la rue où ils étaient situés. Ainsi, on disait : les Jacobins de la rue Saint-Honoré, pour désigner celui où les *Amis de la Constitution* devaient, en 1790, transporter le club qui s'appela plus tard des Jacobins ; on disait encore : Les Jacobins de la rue du Bac, en appliquant ce nom au noviciat général dont il va être question ici.

La chapelle provisoire étant devenue insuffisante, ils songèrent à bâtir une église, celle même qui existe aujourd'hui. Pierre Bullet, architecte, en donna les plans ; la première pierre en fut posée, le 5 mars 1682, par Anne de Rohan-Montbazon, duchesse de Luynes, et bénite par Hyacinthe Serroni, dominicain, premier archevêque d'Albi. Le portail ne fut élevé que bien plus tard, vers 1765, sur les dessins du frère Claude, religieux du noviciat ; Butteux, maître sculpteur, termina en 1769 les bas-reliefs, modillons, chapiteaux et sculptures diverses tant de ce portail que de l'intérieur de l'église et même de l'orgue [1].

La distribution de l'église ne différait guère de celle d'aujourd'hui ; mais les chapelles, plus nombreuses occupaient les collatéraux et étaient fermées par des grilles. De chaque côté, il y en avait trois : d'une part, celles de la Sainte-Croix, du Saint-Esprit et de Saint-Laurent ;

[1] Quittance du 6 octobre 1769. — Cf. l'abbé Lebeuf, édition Cocheris : *Histoire de la ville et du diocèse de Paris*, t.III, 177 et suiv.

de l'autre, celles des saints ou saintes de l'Ordre : Saint
Hyacinthe, Saint Pierre de Vérone, Sainte Catherine de
Sienne. Dans le transept, du côté de l'Évangile, se
trouvait la chapelle du Rosaire, dont la dévotion remonte
à Saint Dominique ; en face, du côté de l'Épître, la chapelle de Saint Dominique lui-même.

Ces deux chapelles étaient décorées de tombeaux.
Celle du Rosaire abritait plusieurs membres de la famille de Navailles [1]. Sur un fond de marbre noir se déta-
chait en bas-relief un génie ailé pleurant sur un portrait
de femme âgée : c'était l'œuvre d'un Coustou. Le sar-
cophage était soutenu par quatre grandes colonnes, en
marbre blanc à bases et à chapiteaux dorés ; un cartel
accoté de palmes portait une couronne ducale. De l'autre
côté de la chapelle, même ensemble, sauf que le génie
ailé aussi mais dans une attitude différente, soutenait
le portrait d'un jeune homme assis sur une cuirasse.

Dans la chapelle de Saint-Dominique, sous une sorte
de voûte, s'élevait un cénotaphe en marbre blanc en
l'honneur de Godefroy, baron de Laigue, mort en
1674 général des armées du Roi, et de Ferdinand,
comte de Relingue, général des armées navales, mort
en 1704 ; près de ce dernier, Marguerite de Laigue, sa
femme. Deux-bas reliefs représentaient un combat sur
terre et un combat naval. C'était Oppenord, premier
architecte du duc d'Orléans, qui avait fourni les dessins d'architecture de ces tombeaux.

Le maître-autel, revêtu de marbres de diverses cou-

---

[1] J'emprunte les éléments de la description qui va suivre aux
inventaires dressés en décembre 1790 par le peintre Doyen et le
sculpteur Mouchy. — *Arch. Nat.* S. 4220.

leurs, était décoré de consoles, de têtes de chérubins, de
fleurs en cuivre doré ; au-dessus, s'étendait un rideau,
soutenu par des groupes d'anges ; au centre, Jéhovah
dans une gloire. Le pavé était en mosaïque. Plusieurs
tombes plates occupaient le sanctuaire, entr'autres, celle
d'Hyacinthe Serroni dont nous avons parlé plus haut,
et, tout auprès, singulier voisinage, celle du marquis
de Vardes, ce courtisan qui fut mêlé à tant d'intrigues
dans les premières années du règne de Louis XIV.

La grande chapelle, située derrière le maître-autel
(aujourd'hui chapelle Saint-Louis), était alors le chœur
des religieux. Au-dessus d'un double rang de stalles, se
développaient des boiseries sculptées ; l'auteur, Romié,
avait imité la disposition de celles de Notre-Dame. En
outre des fleurs et des enroulements qui encadraient la
décoration, on voyait quatre médaillons et deux grands
bas-reliefs dont l'un représentait *l'Adoration des Bergers*
et l'autre, *l'Annonciation de la sainte Vierge*, plus neuf
panneaux dans lesquels se détachaient des peintures.
« Après les boiseries de Notre-Dame, écrivait Lenoir en
1790, je n'en ai vu nulle part de mieux sculptées, de
mieux finies et de mieux soignées [1]. » Un grand tableau
de Noël Coypel, la *Résurrection du Christ*, occupait le
fond ; dans l'attique, deux autres toiles se faisaient face :
Saint Thomas d'Aquin en oraison et *Saint Pie V*, dominicain, à genoux aussi, et priant pendant la bataille de
Lépante. Enfin, dans ce même chœur, le Moiné, qui,

[1] *Papiers d'Alexandre Lenoir*, publiés par M. Albert Lenoir. T. I.
p. 5. — La chaire, sculptée aussi par Romié, était ornée d'un bas-
relief représentant la sainte Vierge donnant le rosaire à saint Dominique, et de deux autres représentant saint Hyacinthe et saint
Thomas d'Aquin. (*Procès-verbal de Mouchy*).

dix ans plus tard, devait peindre au château de Versailles le salon d'Hercule, avait représenté sur la vaste surface du plafond la *Transfiguration au Thabor ;* ce travail commencé en 1723, l'artiste l'interrompit à peine esquissé pour aller étudier en Italie les grands plafonds de Michel-Ange, de Pietro de Cortone et de Lanfranc : l'esprit tout renouvelé par ces fécondes études prolongées pendant six mois, le Moine revint et se remit à l'œuvre. Ces boiseries sculptées, ces toiles nombreuses, ce plafond somptueux devaient, en vérité, composer une splendide décoration, et l'on comprend que le syndic du couvent, dans un rapport adressé en 1725 au P. Général, ait pu écrire que le noviciat possédait « le plus beau chœur de Paris et qu'il n'y avait nulle part de chœur ni d'église si magnifiques [1]. »

J'ai parlé de tableaux et spécialement de ceux du chœur ; mais chaque chapelle en avait trois au moins, la sacristie et toutes les salles du couvent en étaient pleines. L'auteur de presque tous ces tableaux était un seul et même peintre, frère convers appartenant au noviciat.

Né en 1663, Jean André était entré, dès l'âge de dixsept ans, dans l'Ordre de Saint-Dominique et au noviciat de la rue du Bac. Il manifestait du goût pour la peinture : le prieur l'encouragea à s'y livrer. Après les années d'épreuve, il obtint du P. Général que le jeune artiste séjournât quelque temps à Rome. Celui-ci partit en octobre 1687. Le peintre Carlo Maratty était alors en pleine faveur : Frère André s'inspira de lui, de même

---

[1] Ch. Marionneau : *Frère André, lettres inédites et documents,* etc : Bordeaux, in-4°, 1879. Tiré à 100 exemplaires.

que, plus tard, il s'attachera de préférence à Jouvenet. Il ne resta guère à Rome plus d'une année ; au retour, il s'arrêta au couvent de Lyon, où il dut faire ou préparer quelques tableaux ; le 26 avril 1689, une lettre du P. Général l'invita à rejoindre le noviciat où l'appelaient d'importants travaux.

L'église, en effet, venait d'être bâtie : frère André revenait juste à point pour la décorer. Il s'y consacra tout entier. Les panneaux du chœur, presque tous les tableaux des chapelles étaient de sa main. En 1715, il ne lui restait plus que deux ou trois toiles de grande dimension à terminer. Sa santé était délicate ; il n'en travaillait pas moins sans relâche. Chez les dominicains de la rue Saint-Honoré, chez ceux de Bordeaux, dans la chapelle de Saint-Lazare au faubourg Saint-Denis, dans le chœur de la Salpêtrière, on voyait de ses tableaux : quelques-uns ont été reproduits par les plus habiles graveurs de son temps. J'ai vu, mais seulement en gravure, deux beaux portraits : l'un de Laurent Fiesque, archevêque d'Avignon et nonce apostolique (1704), l'autre de Godet des Marets, évêque de Chartres (1708). Il peignit encore ceux de plusieurs généraux de son Ordre, celui de Frère Romain, de Gand, qui construisit le Pont-Royal, enfin le sien propre qu'on peut admirer au Louvre dans une des salles de l'École Française. Jusqu'à la fin de sa vie, il resta dans le couvent de la rue du Bac : les murailles y étaient couvertes de ses œuvres. — « Quoique dans l'âge de 89 ans, écrivait-il au Père Général, je n'ai pas laissé de faire encore un tableau de Sainte Geneviève, patronne de notre auguste ville et de la France... Je souhaite que ce soit pour la gloire de Dieu et pour mon salut auquel il faut que je pense sérieusement [1]. » Gardant la modestie de son état, il n'exposa jamais et refusa de faire partie de l'Académie de peinture. Il mourut à l'âge de 91 ans (1753).

Piganiol de la Force l'appelle « un des meilleurs peintres de son temps » ; il signale ses « chefs-d'œuvre » ; à propos d'une de ses toiles, il écrit : « On croirait qu'il s'est surpassé, si, à la vue de plusieurs de ses tableaux, on n'était porté à penser de même. » En décembre 1790, Alexandre Lenoir visita avec Doyen, artiste de tempérament hardi et de chaude imagination, l'église et le couvent de la rue du Bac : « J'ai compté, écrit-il, plus de cent cinquante tableaux de Frère André, parmi lesquels il y en avait de très bons qui auraient figuré (fait figure) à côté de ceux des grands peintres italiens. » Doyen lui-même déclarait dans son rapport qu'ils étaient « d'une belle et grande manière ». Enfin, de notre temps, M. le marquis de Chennevières : « Les deux seules peintures que je confesse avoir vues de Frère André donnent l'idée d'un fort habile homme, d'une adresse et d'une sûreté de main étonnantes, fort entendu en harmonie, plus praticien et idéal que naturaliste (la robe le voulait ainsi), se tenant strictement sur les traces de Jouvenet [2]. »

Cet élève, cet ami de Jouvenet et qui en fut parfois

[1] Ch. Marionneau, *op. cit.*

[2] Piganiol de la Force : *Description historique de la ville de Paris et de ses environs.* 1765. T. VIII, 142 et suiv. — *Archives du Musée des Monuments français,* T. I, p. 5. — *Arch. Nat.,* S. 4220. — *Portraits inédits d'artistes français* : texte par Ph. de Chennevières, lith. par Legrip. In-folio. p. 64. — Il existe à Paris trois tableaux de

l'heureux émule, ne saurait être séparé du couvent et de l'église que son pinceau avait décorés. Leur destinée fut la sienne et l'histoire de son œuvre semble liée à leur histoire. Avec eux, il naquit à l'honneur ; avec eux aussi, son renom d'artiste et son nom même seront entraînés dans le même naufrage [1].

L'Assemblée Constituante en donna le signal. Par le décret des 2-4 novembre 1789, elle mit les biens ecclésiastiques à la disposition de la nation. — Par celui des 13-18 novembre, elle ordonna « que tous titulaires de bénéfices et supérieurs de maisons et établissements ecclésiastiques seraient tenus de faire une déclaration de tous les biens mobiliers et immobiliers dépendant de leurs établissements ainsi que des revenus et charges. » — Par celui des 5-12 février 1790, « en attendant des suppressions plus considérables », elle prononça « la suppression d'une maison de religieux de chaque Ordre dans toute municipalité où il en existe deux ; de deux maisons, dans toute municipalité où il en existe trois, » etc. — Enfin, la loi des 13-19 février 1790 prohiba les vœux monastiques (une loi des 26 octobre-1er novembre 1789 en avait déjà suspendu l'émission) et prononça la suppression des Ordres et Congrégations, réservant une pension convenable pour ceux qui sortiraient de ces maisons ; quant à ceux qui ne voudraient pas profiter de ces dispositions, il leur serait indi-

Doyen : au Louvre, *le Triomphe d'Amphitrite ;* à Saint-Roch, *la Peste des Ardents ;* à Saint-Eustache (après avoir été placé dans la chapelle de l'École militaire), *la Mort de saint Louis.*

[1] Ainsi, dans l'*Histoire des peintres de l'école française,* Charles Blanc ne cite pas Frère André ; les grandes biographies l'omettent ou ne lui accordent que quelques lignes presque dédaigneuses.

qué une maison où ils seraient tenus de se retirer.

C'est en vertu de ces lois et de ces décrets que, le 27 février 1790, par devant Jean Louis Le Coulteux de la Noraye, lieutenant de maire au département du domaine de la ville de Paris, comparut le R. P. Louis Breymand, prieur des Dominicains de la rue du Bac, pour faire la déclaration exigée par le décret du 13 novembre. Il y avait alors vingt et un religieux ; les revenus s'élevaient à 90.000 livres, les charges à 44.000. La bibliothèque comptait de douze à quatorze mille volumes. Cette déclaration, dans les détails de laquelle il n'y a pas lieu d'entrer ici, ne fut close que le 5 mars 1790 et fut réitérée devant la municipalité le 19 mai suivant.

Les Religieux avaient encore à manifester leurs intentions : Étaient-ils disposés à quitter la vie religieuse? entendaient-ils au contraire rester fidèles à leurs vœux ? Dans les premiers jours d'août 1790 (le document n'est pas daté), trois commissaires se présentèrent : Duport-Dutertre, avocat au parlement, lieutenant de maire au département de la police ; Edmond Plaisant, avocat au parlement et Avril, administrateur du domaine. On sonna la cloche : tous les frères se réunirent dans la salle du chapitre.

Le P. Louis Breymand, âgé de cinquante ans, déclara qu' « étant religieux depuis l'âge de quinze ans, et n'ayant jamais eu à se plaindre de son état, il était dans le dessein d'y demeurer et de demeurer dans cette maison tant qu'elle lui conviendra. » Quatorze autres Pères firent la même déclaration en termes presque identiques. Bernard Lambert, religieux depuis 1755, insista avec force, déclarant « vouloir vivre et mourir dans

son état de religieux, suivant le serment solennel qu'il
en a fait au moment de sa profession et dans cette maison tant qu'elle lui conviendra. » Jean Joseph Giraud,
bibliothécaire, l'un des auteurs de la *Bibliothèque sacrée*[1]
fit la même déclaration ; il était âgé de 70 ans et religieux
depuis 1743. Thibaud Baour, âgé de trente ans, veut
« rester dans son ordre et dans la maison de Gueswiller,
province de Haute-Alsace. » Jeannerey, âgé de vingt-
sept ans, veut, lui aussi « rester dans son ordre et
dans la maison de Saint-Maximin en Provence ou
dans celle-ci. » Le P. Joseph Wollis, âgé de vingt-
neuf ans, déclara « que, plein de respect, d'amour
et de reconnaissance pour l'ordre de Saint-Dominique......, il ne cherchait point à secouer le joug
des obligations de la vie religieuse ; mais que, ne
voyant de moyen d'y être fidèle que par la retraite et
dans la retraite, il se retirerait dans cette seule vue, dès
le moment que l'Assemblée nationale lui en aurait fait
fournir les moyens. » Le P. François-Nicolas Giraud
se référa à une déclaration antérieure : je ne l'ai pas
trouvée. Trois religieux absents avaient donné man-
dat au P. prieur d'exprimer leur volonté de rester
dans l'ordre et dans la maison. Un clerc tonsuré
manifesta l'intention de quitter l'ordre et la maison et de
se retirer dans sa famille. Un frère convers, novice, ré-

---

[1] Cette vaste publication (6 vol. in f°, 1760) avait pour auteur
principal un autre dominicain du Noviciat, le P. Richard (Ch.
Louis), qui fut fusillé par les Français en Belgique le 16 août 1794,
à l'âge de 83 ans, comme auteur d'une brochure intitulée : *Paral-
lèle des Juifs qui ont crucifié J.-C. avec les Français qui ont tué leur
Roi*. Une nouvelle édition de la *bibliothèque sacrée*, comprenant
29 vol. in-8°, fut donnée en 1822-1827.

clama une indemnité « pour les deux années qu'il avait
été occupé au réfectoire. »

Enfin, quelques jours après (12 août), le P. Jacques
de Labeye, de la maison d'Auxerre, ancien professeur
de théologie au noviciat, se présenta à la municipalité
et y déclara qu'avec l'autorisation de ses supérieurs
d'Auxerre, il voulait rentrer dans sa famille à Meyrieu
(Isère).

En résumé, sur vingt-quatre Pères, deux voulurent rentrer dans leur famille ; deux, changer de couvent ; vingt,
rester dans l'ordre et dans la maison. C'était, à bien peu
de chose près, l'unanimité. Les PP. Giraud, (Fr.-Nic.)
de Badts, Wollis, Mazaudier et le clerc Dubois quittèrent
bientôt le couvent ; en revanche, il y arriva huit Pères
du couvent de Saint-Jacques qui, d'après la loi, avaient
dû se réunir à leurs confrères de la rue du Bac : ils
apportèrent avec eux toute leur argenterie et quantité
d'objets appartenant tant au couvent qu'au collège [1].

En décembre, eurent lieu les inventaires (6, 7, 13, 14
décembre). Les commissaires municipaux, préposés à
ce soin, enregistrèrent cent chasubles, trente dalmatiques, quinze chapes, chasubles et dalmatiques en noir ;
vingt et une autres chapes, trente aubes garnies de den-
telles, cent douze non garnies, etc., et cent quarante
marcs six onces quatre gros d'argenterie destinée au
culte. En regard de ce luxe, il faut placer l'inventaire

[1] C'est le 1er 7bre 1790 que les Jacobins de la rue St Jacques
quittèrent leur couvent pour venir rue du Bac. *(Nécrologe* rédigé
par le P. Faitot, dernier prieur de St Jacques, dont le R. P. Chapotin, des Frères Prêcheurs, m'a très obligeamment donné communication.)

des cellules des religieux : « Un lit, des chaises de paille, enfin toutes les choses qui composent le plus strict nécessaire, dont nous n'avons pas cru devoir faire la description. » Bibliothèque, réfectoire, pharmacie, cuisine : rien n'échappa.

Le peintre Doyen, dont j'ai parlé plus haut, fut chargé d'inventorier les tableaux ; un sculpteur, nommé Mouchy, les sculptures, statues, boiseries. Ces opérations durèrent jusqu'en février 1791.

Nous avons vu que l'argenterie du couvent de Saint-Jacques avait été déposée dans l'une des salles de celui de la rue du Bac. « Le P. Breymand ayant manifesté quelque inquiétude à l'endroit de ce dépôt » (ce sont les termes du procès-verbal), le 22 janvier 1791, les officiers municipaux, accompagnés d'un orfèvre-joaillier, procédèrent à l'enlèvement : le tout fut remis le même jour entre les mains de M. des Rotours, premier commis des monnaies ; à la pesée, on trouva 638 marcs 5 onces 4 gros, y compris les corps étrangers.

Le 14 décembre précédent, au cours de l'inventaire, le prieur avait réclamé divers objets comme nécessaires au culte. On lui remit à l'instant le dais, sept ornements blancs, cinq rouges, un vert, trois noirs, quarante aubes, vingt rochets, des aubes pour les enfants de chœur, l'argenterie, les chandeliers, etc.; deux corps d'armoire dans la sacristie furent réservés pour loger tous ces objets. Les Jacobins n'en devaient plus faire longtemps usage. Les scellés ayant été apposés partout, ils n'avaient même plus le droit de se servir de leur bibliothèque. Vivant dans cette maison dont ils n'étaient plus ni propriétaires ni locataires ; laissés là comme par

grâce et à la merci d'un caprice de l'administration ;
spoliés de tout ce qui leur appartenait et isolés dans
leurs cellules que leur pauvreté seule avait jusque-là
protégées, du moins il leur restait encore, avec l'église
qui portait le nom de leur père spirituel, les pratiques
et les cérémonies du culte, les relations sacerdotales
avec les fidèles, les travaux et les consolations de l'a-
postolat. Un nouveau décret allait leur retrancher ces
dernières jouissances.

Le 4 février 1791, en vertu de la Constitution civile
du clergé, l'Assemblée constituante, assumant tous les
pouvoirs, même ceux d'évêque, décréta une nouvelle
répartition des paroisses de Paris. Désormais, il y en
aurait trente-trois ; la trente-deuxième était ainsi indiquée au décret : *Les Jacobins de Saint-Dominique, sous
la dénomination de Saint-Thomas d'Aquin, patron de la
dite église.* Il n'y avait sans doute rien de canonique
soit dans l'érection de la paroisse soit dans la nouvelle
dénomination qui lui était attribuée ; mais il est juste
de reconnaître qu'en donnant à l'église des Jacobins le
nom d'un des plus illustres membres de la famille Dominicaine, le comité ecclésiastique de l'Assemblée
marqua son respect pour la tradition et pour l'histoire [1].

Qu'advint-il alors du couvent ? Qu'advint-il des religieux ?

En 1791 et 1792, la municipalité fit procéder au déménagement du couvent.

Le 16 mai 1791, on enleva les titres et les papiers pour

[1] La nouvelle paroisse avait alors pour limites : à l'E., la rue
des Saints-Pères ; au S., la rue de Grenelle ; à l'O., le boulevard
des Invalides jusqu'à la Seine ; au N., les quais.

les porter aux archives de la municipalité ; le 25 mai,
Ameilhon, bibliothécaire de la ville, procéda au recensement des livres de la bibliothèque ; il y en avait de
douze à quatoze mille ; des catalogues en existent à la
bibliothèque Mazarine et à la Bibliothèque nationale,
mais on paraît ignorer où les livres eux-mêmes ont été
transférés.

A la fin de juillet 1792, ce fut le tour des tableaux : chaque
salle fut méthodiquement et entièrement dépouillée. Le
27, on emporte quatre-vingts tableaux, esquisses, petites
toiles, le tout de ce frère André dont nous avons parlé ;
le 28, quinze tableaux, du même, de la salle de la Bienfaisance ; le 30, du réfectoire, vingt et un tableaux,
parmi lesquels la *Vierge à genoux recevant la nouvelle de
la Conception,* « délicieux tableau de Romanelli, » écrivait le peintre Doyen dans son inventaire, et *Le départ
d'Abraham et de sa famille pour la terre promise,* « divin tableau peint par Claude Stella, » écrivait-il encore ; plusieurs portraits par Rigaud et d'après Rigaud ;
le même jour, d'une autre salle, douze tableaux ; du
réfectoire, quatre autres ; de la salle du Comité militaire,
douze. Total : Cent quarante-quatre toiles, presque toutes
de Frère André. On les emmagasina au dépôt des Petits
Augustins dont Alexandre Lenoir, élève de Doyen,
avait été nommé directeur [1].

[1] *Arch. Nat.* Procès-verbaux. S. 4220. — C'est Rigaud lui-même
qui, quelques jours avant de mourir, avait légué par codicille au
noviciat de la Rue du Bac huit portraits de sa main. Sur l'inventaire de Doyen, nous lisons : 1° Louis XIV d'après Rigaud ; 2° le
duc de Bourgogne par Hyacinthe Rigaud ; le fond représente une bataille par Parrocel ; 3° Le duc de Vendôme, par Rigaud ; le fond par
Parrocel ; 4° Comte de Toulouse, d'après Rigaud, par son élève (*sic:*

Quant aux religieux, que devinrent-ils ? En mai 1791,
lors du récolement de la bibliothèque, c'est encore le
P. Louis Breymand qui répond ; mais, en juillet 1792,
lorsque les officiers municipaux viendront enlever les
tableaux du couvent, ce sera le vieux portier, ancien
soldat, gardien des scellés. Voici, en effet, ce qui était
arrivé.

Le 23 février 1792, la municipalité avait signifié aux
religieux d'avoir à quitter le couvent. Le P. Breymand,
dont le temps de priorat avait expiré le 30 mai 1791, mais
qui avait été élu vicaire en chef, avait eu à porter tout
le poids des circonstances ; sa santé, son âme étaient
ébranlées de tant de secousses. L'ordre d'expulsion fut
comme son arrêt de mort. Le même jour, il se mit au lit
et ne s'en releva pas. Quelques semaines après, il mou-
rait. Ses frères lui firent un service, suivant les usages
de leur ordre, dans leur chapelle particulière ; puis, le
corps fut descendu dans une salle contiguë à la sacristie
et livré au clergé constitutionnel qui l'inhuma dans le
caveau des religieux situé sous le chœur (28-29 mars).

On lui donna immédiatement pour successeur le
P. Faitot, dernier prieur du couvent de Saint-Jacques.
Un nouvel ordre d'expulsion fut signifié le 23 avril.

n'est-ce pas Nicolas Desportes, neveu du fameux François Desportes ?) ; 5° et 6° le maréchal de Villars et M. de Montrevel, de même ;
7° le duc de Bouillon, copié par l'élève de Rigaud ; 8° Poncet de la
Rivière, évêque d'Amiens, copié d'après Rigaud. — Je trouve encore : dessus de porte, portrait d'un échevin, copié d'après Rigaud
et le comte d'Évreux, peint par Rigaud, fond par Parrocel. — Dans
le legs que faisait Rigaud, faut-il voir l'acte de piété de l'homme
qui avait reçu au baptême le nom d'Hyacinthe et de Pierre le Mar-
tyr; grands saints de la famille dominicaine ? C'est à Frère André,
lors d'une visite que lui faisait celui-ci, que Rigaud lut son codicille.

Vingt pères se réfugièrent dans les greniers ; ils y conti-
nuèrent leur office, leur règle, la vie commune jusqu'au
5 octobre 1793. C'est à cette date seulement qu'ils quittèrent définitivement leur misérable retraite et qu'ils se
dispersèrent [1].

A partir de ce moment, il n'y a plus ni couvent ni vie
religieuse : revenons à l'église pour raconter ses nouvelles
et tristes destinées sous le schisme constitutionnel.

[1] Le P. Faitot se cacha chez des amis dans un faubourg de Paris:
il y avait recueilli bien des livres et des manuscrits précieux qui
avaient appartenu à son ancien couvent de Saint-Jacques. En 1805,
il était supérieur de séminaire. Il mourut en 1806, âgé de plus
de quatre-vingts ans. *Communications du R. P. Chapotin.*

L'assemblée électorale du district de Paris élit à la cure constitutionnelle de Saint-Thomas d'Aquin Julien Minée, ex-curé des
Trois-Patrons de St-Denis.— Antécédents de Minée ; sa prestation
de serment au schisme le 16 janvier 1791. — Son discours à Notre-
Dame le 13 mars. — Il est élu le lendemain à Nantes évêque constitutionnel de la Loire-Inférieure. — Il opte pour l'épiscopat : sa
destinée.

Aux termes de la constitution civile du clergé, c'était
dans l'église cathédrale, un jour de dimanche, à l'issue
de la messe paroissiale à laquelle ils étaient tenus d'assister, que l'assemblée électorale du district, composée
des mêmes électeurs que s'il s'agissait d'un vote politique, devait procéder à l'élection des curés. Il y avait
autant de scrutins séparés que de cures vacantes à
pourvoir.

A Paris, cette assemblée se réunissait à Notre-Dame,
sous la présidence de M. de Pastoret, procureur-géné-
ral syndic. Chaque curé était élu non pas par ses futurs
paroissiens, mais par la totalité des électeurs. Plusieurs
paroisses étaient déjà pourvues : le 6 mars 1791, ce
fut le tour de Saint-François d'Assise (aujourd'hui,
Saint-Jean-Saint-François) et de Saint-Thomas d'Aquin.

On commença par Saint-François d'Assise. Deux
prêtres assermentés s'y disputaient les suffrages : un
vicaire de Saint-Roch, nommé Sibire ; un ancien curé
de la paroisse des Trois-Patrons, de Saint-Denis, nom

mé Minée. Jusque-là, dans les scrutins déjà nombreux
qui avaient eu lieu, on avait vu sortir de l'urne les mêmes
noms de prêtres, candidats perpétuels à toutes les
cures, en attendant que les électeurs couronnassent leur
ambition. Celui de Minée n'avait pas encore été prononcé.
C'est pourtant sur ce nom nouveau, inconnu, étranger,
que les suffrages parurent se réunir ; deux fois, il eut un
avantage de quelques voix sur son concurrent, mais
sans obtenir la majorité absolue ; au scrutin de ballot-
tage, Sibire fut élu par 155 voix contre 137 qui allèrent encore à Minée.

Mais s'il manqua la cure de Saint-François d'Assise,
les mêmes électeurs lui réservaient une revanche immédiate et éclatante. Dans le scrutin qui suivit, Minée
n'eut pas de concurrent sérieux, et, par 167 voix sur
263, il fut élu curé constitutionnel de Saint-Thomas
d'Aquin [1].

Qu'était-ce donc que ce personnage pour qu'il rem-
portât à Paris, subitement, dans deux élections, un
succès presque double ? Comment expliquer sa soudaine
popularité auprès des électeurs ?

Originaire de Nantes, où son père avait honorable-
ment exercé la médecine, Julien Minée était venu à
Paris, dans l'espoir d'y trouver un poste avantageux.
Il y avait de cela vingt ans. L'évènement ne répondit
ni à ses espérances ni aux promesses sur lesquelles il
avait cru pouvoir compter : il fut relégué à Saint-Denis,
où il devint curé de la paroisse des Trois-Patrons. Cette
ambition trompée s'aigrit, et, quand la révolution ar-

[1] *Arch. Nat.* Procès-verbaux d'élection.

riva, Minée se rallia tout de suite à la *Société des Amis de la Constitution,* comme à l'agence politique la plus propre à le tirer du poste obscur où il gémissait. Il ne manquait du reste aucune occasion de mettre sa personne en relief : il était de toutes les émeutes, et Saint-Denis n'en chômait pas. Le peuple massacrait celui que Minée avait prétendu sauver, ce qui n'empêchait pas Minée de se donner des airs de héros et de sauveteur ; il jouait la générosité avec l'argenterie de son église qu'il offrait à la nation ; il souscrivait en hâte à la contribution publique ; enfin, il prêtait avec éclat le serment à la constitution civile du clergé.

Ce jour-là, 16 janvier 1791, il fit un discours. Il y parla des abus du pouvoir, des souffrances du peuple, de la tyrannie passée : dans ce fatras de paroles où il trouvait l'occasion de se dire dévoué, suivant la formule, *à la nation, à la loi, au Roi,* rien qui décelât le prêtre ou le ministre d'une religion. Il jura enfin, prenant « spécialement à témoin le Dieu vengeur du parjure de son adhésion sincère et invariable aux décrets sur la constitution civile, que je suis bien éloigné de croire en opposition avec les vrais principes de notre religion sainte. » Il y voyait au contraire le moyen « de faire revivre cet esprit de douceur et de zèle, de franchise et de sagesse ; cette piété éclairée et solide, cette vertu sensible et désintéressée ; en un mot, ces mœurs simples et pures de la primitive Église, cette bienveillance universelle qui favorisèrent si merveilleusement les incroyables progrès du Christianisme et méritèrent à ses ministres la haute considération, l'estime et le respect sans bornes dont ils jouirent. » Paroles bien étranges chez un homme qui lui-même devait donner bientôt à ce portrait idéal de la nouvelle Église un si scandaleux démenti ! Le conseil général de la commune de Saint-Denis ordonna immédiatement l'impression de ce discours [1].

Le jour où Minée fut élu curé de Saint-Thomas d'Aquin, du haut de cette chaire de Notre-Dame qu'avaient illustrée déjà tant d'orateurs sacrés, il confessa l'ambition qui l'avait amené à Paris : « J'ignorais encore que, *sans intrigue, sans lâche condescendance pour un parti dominant et persécuteur, sans toutes les souplesses enfin d'une servile adulation*, il n'était point ici d'avancement à attendre. » Hélas ! les temps n'étaient guère changés, et, pour s'expliquer la faveur dont il jouissait, Minée n'avait-il à se reprocher ni souplesse, ni adulation, ni intrigue, ni lâche condescendance pour le parti dominant ?

Enivré de son triomphe, il voulut se faire comme l'interprète et le conseiller de l'assemblée qui l'écoutait. On allait procéder à l'élection de l'évêque de Paris. — « O vous, fidèles, s'écriait Minée, qui voudriez déjà connaître celui que vous devez y porter, calmez une trop vive impatience, ne troublez pas les réflexions profondes de vos honorables représentants ; que *votre impétuosité tumultueuse* ne les détourne pas de l'attention qu'ils doivent aux inspirations du ciel directement intéressé au grand objet qui les rassemble. » — A travers

<hr>

[1] Discours prononcé devant le conseil général de la Commune de Saint-Denis, en l'église paroissiale des Trois-Patrons de la dite ville, par M. Minée, curé, de la Société des Amis de la Constitution, lors de la prestation de son serment le 16 janvier de l'an II de la Liberté etc. 30 p. in-18. 1791.

ce langage, n'aperçoit-on pas cette assemblée bruyante qui s'agite dans le lieu saint comme dans un club? La suite touche au ridicule : « Bientôt vous les verrez déposer leurs suffrages dans cette urne désormais sanctifiée, à l'aspect de laquelle un sentiment de respect vient déjà de me saisir. Contemplez cette grave opération dans un religieux silence. et attendez pour exhaler vos transports que vous en ayez entendu sortir l'oracle qui vous donnera un pontife aussi légitimement élu que ceux des plus beaux jours du christianisme et méritant sans doute l'honneur incomparable d'être appelé à leur succéder [1]. » — En lisant ces lignes, il est bon de se rappeler que les noms de Talleyrand, de Siéyes et de Gobel avaient été agités par les électeurs, et que le dernier nom ne sortit de l'urne que sur le refus des deux premiers de se prêter à cette comédie.

Bien que Minée, dans ce même discours, eût déclaré qu'il « pouvait sans nul regret quitter maintenant la terre où rien désormais ne lui restait plus à désirer », sa modestie allait être mise à une autre épreuve. Curé de Saint-Thomas d'Aquin, ce n'était pas assez pour ses mérites et pour ses amis ; ceux-ci lui réservaient une mitre d'évêque.

M. de la Laurencie, évêque de Nantes, avait refusé le serment. Deux curés de la ville, qui l'avaient prêté, passaient pour prétendre à sa succession ; mais leur bonne réputation et leur sincère piété ne laissaient pas espérer qu'ils pussent devenir des instruments do-

[1] Discours prononcé dans l'assemblée électorale du district de Paris le 13 mars 1791 par M. Minée, lors de sa proclamation à la cure de Saint-Thomas d'Aquin. — Paris, 1791. in-8°.

ciles entre les mains des puissants du jour ; courte, du
reste, fut leur erreur. Faute de candidat local, on songea à Minée : il avait quitté Nantes depuis longtemps,
il y était inconnu, mais les meneurs se souvenaient de
lui, entr'autres un sieur Coustard de Massy, ancien pré-
sident du département, commandant de la garde nationale, et qui, si l'on en croit la tradition, rencontrait
dans ce choix quelques avantages particuliers.

Il fut, ce jour-là (13 mars), le grand électeur. Prési-
dent de l'assemblée électorale réunie au couvent des
dominicains, il dénonça les prétendues intrigues des
évêques et détourna les électeurs de choisir des candidats dont « les vertus modestes » ne seraient pas en
harmonie avec les difficultés des temps. — « Dans des
temps d'orage, dit-il, il faut à la tête du clergé un
homme d'un grand caractère qui puisse imprimer le
mouvement à tout ce qui l'environne ; qui, par ses lu-
mières, éclaire le peuple !... qui, par son courage, sou-
tienne ceux qui chancellent ; qui, par la confiance
qu'on a dans ses vertus et dans son patriotisme, rallie
tous les citoyens sous la bannière de l'Église qui de-
viendra bientôt celle de la liberté. » Et, rappelant avec
colère un récent mandement de l'évêque légitime :
« Pardonnez à cet ex-évêque de Nantes et bornez votre
vengeance à lui donner un successeur qu'il soit forcé
lui-même de respecter. »

Ce candidat à grand caractère ; cet homme vertueux,
ce patriote, c'était Minée. Le lendemain, la *Société des
Amis de la Constitution* et les membres de l'administration départementale se réunirent à la cathédrale. On
aura déjà remarqué comment, dans toutes ces élections

schismatiques, la *Société des Amis de la Constitution* fournissait à la fois candidats et électeurs. Dès le premier tour, Minée fut élu par 193 voix sur 294 ; et ce n'est pas la moindre preuve des intrigues qui préparèrent l'élection que cet accord général et subit sur le nom d'un inconnu. Coustard de Massy entonna aussitôt le panégyrique du nouvel élu, et, prenant un ton de prédicateur, sans doute parce qu'il parlait dans une cathédrale : « Et toi, dit-il, Dieu puissant, toi qui tiens dans tes mains les destinées des empires, toi qui humilies les superbes aristocrates et commandes l'égalité, daigne éclairer le mortel qui doit annoncer aux peuples tes bienfaits signalés ; fais que les ennemis de notre révolution, qui est ton plus bel ouvrage, rougissant enfin de leur obstination criminelle, se confondent avec nous aux pieds de tes autels pour te remercier du pasteur que tu viens de leur accorder ! »

Des délégués nantais furent expédiés à Minée pour l'avertir de son élection et l'inviter à se faire sacrer au plus tôt. Le premier curé de Saint-Thomas d'Aquin, « ne renonça pas, dit-il, sans combat à une place qui comblait tous ses désirs », mais « le vœu du corps électoral » n'était-il pas « la voix de la Providence » ? Le 10 avril, Minée fut sacré à Notre-Dame par trois évêques constitutionnels, Gobel, Dubourg-Miroudot et Dumouchel, eux aussi récemment élus comme lui et dont il devait partager l'apostasie et les scandales. Il partit aussitôt pour Nantes : il y fit son entrée au bruit du canon et des cloches, escorté des *Amis de la Constitution* et de l'administration municipale. Bientôt, il s'enfuira de sa ville épiscopale pour échapper aux épreuves et aux amertu-

mes de sa nouvelle condition ; et, quand il y reviendra,
docile instrument du parti jacobin, il présidera le directoire du département, il y saluera par de basses adu-
lations les régicides, il apostasiera enfin publiquement
et méritera à tel point les éloges de Carrier qu'il aura
lieu de craindre un jour d'avoir pu paraître son com-
plice. Enfin, comme tant d'autres, il couronnera par
un mariage sa carrière de prêtre schismatique. En vérité, la paroisse Saint-Thomas d'Aquin n'eut pas à re-
gretter que son premier curé constitutionnel l'eût
délaissée pour l'épiscopat [1].

[1] Minée mourut à Paris, pensionnaire ecclésiastique, le 26 février
1808. — On lira sur lui d'intéressants détails dans une étude de
M. Alfred Lallié : *Minée et son épiscopat*. Nantes, 1883. Extrait de
la *Revue de la Révolution*.

III

Élection du 27 mars 1791 : Latyl, oratorien et député à l'Assemblée constituante. — Scènes de violence contre les catholiques à la chapelle des Théatins: Latyl à la tribune du club des Jacobins. Sa défense. — Il est arrêté et détenu à Bicêtre, puis aux Carmes. — Impliqué dans la conspiration des prisons, il est condamné à mort et exécuté le 23 juillet 1794.

Privée de son premier curé avant d'avoir eu le temps de le connaître, la paroisse Saint-Thomas d'Aquin en réclamait un autre : l'Assemblée électorale du district y pourvut dans sa réunion du 27 mars. Le candidat qui, après Minée, avait obtenu le plus de voix (65), Latyl, fut élu par 281 suffrages sur 337.

Latyl (Jean-Paul-Marie-Anne), né à Marseille en 1747, était entré dans la Congrégation de l'Oratoire en 1763. Après avoir passé par les maisons de Soissons et d'Arras, il avait été supérieur du collège de Beaune, puis de celui de Nantes [1]. Le clergé de la sénéchaussée de Nantes et Guérande l'envoya aux États-Généraux en remplacement du premier député qui était mort. Il était secrétaire de l'Assemblée constituante lorsque, le 27 décembre 1790, en compagnie d'un certain nombre d'ecclésiastiques destinés à jouer un rôle dans le schisme constitutionnel, il prêta à la tribune le serment à la Constitution civile du clergé. — Nantes avait pris à

[1] *L'Oratoire pendant la Révolution,* par le R. P. Ingold. Revue de la Révolution, 1883, 2e semestre, p. 51.

Saint-Thomas d'Aquin son premier pasteur, et c'est de
Nantes que lui vient le second.

Tandis que deux de ses confrères de l'Oratoire, curés
constitutionnels comme lui, le P. Poupart à Saint-
Eustache et le P. Poiret à Saint-Sulpice, ne s'écar-
taient pas, du moins personnellement, d'une certaine
modération envers le clergé réfractaire, Latyl ne paraît
pas avoir tenu la même conduite.

Sur le quai des Théatins, (aujourd'hui Voltaire),
s'élevait une grande église qui venait d'être confisquée[1].
M. de Pancemont, curé légitime de Saint-Sulpice chassé
de sa paroisse par les Constitutionnels, avait loué cette
église à la municipalité parisienne pour y exercer le
culte catholique. L'ouverture avait été fixée au 11 avril.
Ce jour-là, dès sept heures du matin, des gens apostés
insultèrent les catholiques qui se présentaient pour assister à la messe ; on suspendit même à la porte un
faisceau de verges pour montrer aux fidèles le sort qui
leur était réservé. Bailly et La Fayette intervinrent avec
une énergie qui ne leur était pas habituelle : il est vrai
que mesdames Bailly et La Fayette étaient des clientes
de cet oratoire. La municipalité prit un arrêté pour maintenir l'ordre ; elle fit afficher au-dessus de la porte une
grande pancarte où étaient inscrits ces mots : *Paix et
Liberté*. La foule l'arracha et un harangueur populaire
déclara qu'il fallait *fustiger* les femmes et *lanterner* les
prêtres [2].

[1] L'église et le couvent des Théatins étaient situés entre la rue de
Beaune et la rue des Saints-Pères, à peu près en face de la rue
Allent, appelée alors rue Sainte-Marie, qui donne dans la rue de Lille.

[2] Histoire des évènements arrivés sur la paroisse Saint-Sulpice
pendant la Révolution. Paris, 1792.

L'Assemblée Constituante intervint, mais sans succès : les perturbateurs suivirent leur dessein et y intéressèrent le club des Jacobins. C'est à ce moment qu'apparaît Latyl. Cette église, située sur sa paroisse, lui faisait-elle ombrage ? Ses paroissiens ne la préféraient-ils pas à la paroisse constitutionnelle nouvellement érigée? On peut le supposer. A la tête d'une députation, il se rend au club des Jacobins. Il y déclare « que l'église des Théatins a été louée par des conspirateurs pour y exercer un culte ennemi du culte national ; » il se répand en figures véhémentes contre ceux qui fréquentent cette église et surtout contre le curé de Saint-Sulpice ; il va même jusqu'à dénoncer et La Fayette et le directoire du département. On applaudit « le patriotisme et le courroux évangélique » de l'orateur. La municipalité rompit d'office le bail précédemment consenti et les agitateurs allèrent porter sur d'autres points leur brutale intolérance. Latyl fut accusé d'avoir fomenté ces troubles ; il répondit en exaltant son rôle de charité et de paix, tout en déclarant que, « voué *jusqu'à la mort* au service de la Religion et au maintien de la Constitution de l'État, il ne cesserait de surveiller leurs ennemis connus ou secrets [1]. »

Ses violences ne lui profitèrent pas. Sur l'ordre de la Commune de Paris, en vertu de la loi des suspects votée le 17 septembre 1793, Latyl fut mis en arrestation et envoyé à Bicêtre. Dans sa prison, il apprit les bruyantes apostasies dont Gobel, son évêque, avait donné le signal et qui s'étaient multipliées à tel point que Robespierre

[1] *Moniteur*, VII, 18-19. Je cite la Réimpression.

et Danton en manifestèrent leur dégoût. Latyl, hélas !
ne manqua pas l'occasion, et, le 12 novembre 1793, il
écrivit à la Convention une lettre dans laquelle il déclarait « renoncer à son métier de prêtre ainsi qu'au
traitement dont il jouissait. »

Inutile lâcheté ! Non seulement, il n'y gagna pas la
liberté ; mais, deux mois et demi après (25 janvier
1794), il fut transféré de la prison de Bicêtre à celle des
Carmes. Il y resta six mois. Le 23 juillet, sur l'ordre
du Comité de sûreté générale, il fut confondu dans la
prétendue conspiration des prisons qui, ce jour-là, frappait celle des Carmes et comprenait quarante-neuf in-
dividus de tout rang. Ils étaient prévenus « de s'être
rendus les ennemis du peuple en conspirant dans les
maisons d'arrêt contre le gouvernement révolutionnaire et en formant le projet de s'évader des prisons pour
anéantir et dissoudre par l'assassinat des représentants
du peuple la représentation nationale et rétablir la
royauté. » Comment discuter d'aussi absurdes accusa-
tions ?

Une phrase banale visait les quelques prêtres qui fi-
guraient dans l'acte d'accusation : « Les instigateurs
de la guerre de la Vendée, ces prêtres imposteurs et
dont une insatiable cupidité alimente les fureurs con-
tre-révolutionnaires se sont joints à cette conspiration.. »
De Latyl, on se bornait à dire : « Partisan des Capet,
des La Fayette » ; de tous : « qu'ils se sont rendus com-
plices des ex-nobles dans l'espoir de pouvoir encore
tromper les peuples et régner sur eux par le fanatisme
et le mensonge. » Du reste, de pièces sur ou contre
Latyl, le dossier n'en contient aucune.

A l'audience, il n'y eut ni interrogatoire ni débats :
ainsi le voulait la terrible loi du 22 prairial. Le texte
même du jugement était rédigé d'avance : car, trois ac-
cusés ayant été acquités, leurs noms apparaissent rayés
sur la minute du jugement. Tous les autres furent con-
damnés à mort pour être exécutés dans les vingt-quatre
heures «sur la place dite Barrière de Vincennes de cette ville. » Dans cette même fournée, se trouvaient MM.
de Soyecourt, de la Tour du Pin Chambly, de Beauhar-
nais, de Grammont, Boucher d'Argis, etc. (5 thermidor
an II-23 juillet 1794) [1].

[1] *Archives Nationales,* W. 429, *n°* 965. — **M.** H. Wallon : *Histoire
du Tribunal révolutionnaire.*

IV

Laurens, premier vicaire, devient administrateur de la paroisse :
c'est un titre plutôt qu'une fonction. — Détails sur Laurens. —
Décembre 1793, déménagement de l'église ; le rôle de l'administration. — Sac de l'église. — Que devinrent les 172 tableaux em-
magasinés aux Petits-Augustins ? L'Œuvre de Frère André : ce
qu'il en reste. — Les holocaustes sur l'autel de la patrie. — Les
Fêtes républicaines et l'encan.

Lorsque Latyl fut arrêté, l'administration de la paroisse dut, aux termes de la constitution civile du clergé
(Titre II, art. 42), passer au premier vicaire.

C'était un sieur Laurens (Jean-Joseph). Originaire de
Barrême (Basses-Alpes), il avait été appelé à Paris par
l'un de ses frères, vicaire à Saint-Barthélemy de la
Cité et chapelain de la Conciergerie. Placé d'abord à
Rueil ; puis, après quelques mois, à Saint-Germain
l'Auxerrois, où il resta deux ans maître des enfants de
chœur, il put enfin se réunir à son frère et se loger avec
lui à la communauté des prêtres de Saint-Barthélemy ;
plus tard, son frère ayant démissionné, il devint aumônier de la Conciergerie.

Il occupait ce poste depuis douze ans lorsque l'Assemblée Constituante supprima d'office les paroisses de
la Cité et en attribua le territoire à Notre-Dame (14
janvier 1791). Dépouillé de son vicariat à Saint-Barthélemy [1], ne trouvant plus dans la place d'aumônier à

[1] La paroisse Saint-Barthélemy était la plus importante et la

la Conciergerie de quoi subvenir à ses besoins, Laurens,
qui, du reste, s'était mis en règle avec la loi en prêtant
le serment à la constitution civile, se trouva candidat à
toutes les cures de Paris. Dans chacun des premiers
scrutins, il n'obtint d'abord qu'une ou deux voix; mais,
au fur et à mesure que les prêtres constitutionnels les
plus en vue furent placés, la candidature de Laurens
fit des progrès : pour Saint-Ambroise, il réunit 17 voix ;
pour Saint-André des Arcs, 64 ; pour Saint-Victor, 92.
Dans le scrutin où Latyl fut élu curé de Saint-Thomas
d'Aquin, 18 voix étaient allées à Laurens. Désigné déjà
par ses demi-succès auprès des électeurs, Laurens avait
encore avec le nouveau curé, méridional comme lui,
quelques relations d'origine : Latyl le choisit pour premier vicaire [1].

Nous sommes en octobre 1793; la Terreur va continuer
jusqu'à la fin de juillet 1794. Pendant cette période si-
nistre, alors que les églises étaient fermées et le culte,
même constitutionnel, interrompu, quel pouvait être
le rôle d'un administrateur de paroisse? S'il avait du
zèle, il exerçait quelques fonctions clandestinement,
mais au prix de quels dangers! Son titre, même le dési-
gnait plus que tout autre à la surveillance d'une police

plus ancienne de la Cité ; sa juridiction s'étendait jusque sur la
Sainte Chapelle. L'église, vendue le 12 novembre 1791, fut démo-
lie l'année suivante pour faire place, d'abord, à un théâtre qu'on
appela le théâtre de la Cité ; puis, à partir de 1807, à une salle
de bal dite du Prado, qui fut détruite à son tour lors de l'ouverture du boulevard du Palais et de la construction du Tribunal de
Commerce.

[1] J'emprunte ces renseignements sur le passé du prêtre Laurens
à plusieurs lettres qu'il écrira plus tard au Directoire pour exposer et justifier sa conduite pendant la révolution. *Arch. Nat.* F7 7599.

soupçonneuse. Si la prudence l'emportait, il se dissimulait, s'assurait une carte de civisme, montait sa garde : les prêtres fidèles s'y sont eux-mêmes résignés. C'est parmi les prudents, j'oserais même dire, parmi les pusillanimes qu'il y aurait lieu de ranger Laurens, du moins si nous présumons son attitude d'alors d'après celle que nous lui verrons tenir plus tard. Il faut dire qu'il avait près de lui un conseiller ou un protecteur : son frère, Bernard Laurens, député des Bouches-du-Rhône à la Convention qui, dans le procès du Roi, avait voté à chaque scrutin avec les plus impitoyables. Cependant, abdiqua-t-il ses fonctions de prêtre? Rendit-il ses lettres de prêtrise? Aucun document ne l'en accuse.

Latyl mort (23 juillet 1794), bien que le coup d'État du 9 thermidor eût suivi de près, le temps n'était guère propice pour des élections paroissiales ; la loi, d'ailleurs, ne s'y prêtait plus. L'église était toujours fermée et il fallut attendre près d'une année encore pour que la Convention en permît la réouverture. A défaut du culte, nous allons dire au moins ce que devint l'église.

A cette époque, on avait dévalisé le couvent, mais l'église avait été respectée. En décembre 1793, elle eut le sort de l'abbaye de Saint-Denis et de toutes les églises de Paris ; elle subit et l'invasion administrative et l'invasion populaire.

A la date du 5 décembre 1793, on lit dans le *Journal* de Lenoir[1] : « Des Jacobins, rue du Bac, reçu du citoyen

---

[1] *Alexandre Lenoir son journal et le musée des monuments français,* par Louis Courajod, T. I. 21 et suiv.

de Wailly dix-huit tableaux peints par frère André, dont plusieurs sont copiés d'après différents maîtres. » — Et encore, à la date du 16 du même mois : « Reçu du c. de Wailly dix tableaux de frère André, venant des Jacobins, rue du Bac. » — D'où venaient ces tableaux ? du couvent ou de l'église ?

J'inclinerais à penser qu'ils venaient de l'église. D'abord, à cause de leur nombre. Il y avait dans l'église quarante toiles ; mais neuf étaient encastrées dans les boiseries sculptées de Romié et ont pu n'être pas enlevées à ce moment-là ; trois autres, comme *la Résurrection* de Coypel et les tableaux d'autel à la chapelle du Rosaire et à celle de Saint-Dominique, étaient de très grande dimension et peut-être d'un déplacement difficile. Resteraient alors les vingt-huit tableaux qui furent transférés en deux fois aux Petits-Augustins. — Lenoir, en signalant ces tableaux peints par frère André, ajoute que « plusieurs sont copiés d'après différents maîtres ». Et en effet, parmi ces vingt-huit toiles, il y a des copies d'après Titien, Sébastien Bourdon, Caravage et Lebrun et un tableau d'Aubin Vouët. Enfin, dernier argument : si l'on veut bien consulter le *Journal* de Lenoir, on constatera que c'était exclusivement des églises de Paris que venaient à cette époque au dépôt des Petits-Augustins toutes sortes de tableaux, de statues, de tombeaux, etc.

L'invasion populaire eut lieu presque en même temps. Le *Journal* de Lenoir n'en porte que de légères traces. A la date du 25 décembre, on lit : « Reçu du c. de Wailly, quatre moitiés de colonnes en marbre blanc provenant de Saint-Thomas d'Aquin » ; et le 29 : « Reçu au c. de Wailly, commissaire du gouvernement, des Jacobins, rue du Bac, deux colonnes de marbre blanc avec chapiteau, *idem.* » Dans les charretées de marbres qui arrivaient journellement aux Petits-Augustins, les chapelles de Saint-Thomas d'Aquin durent fournir leur contingent, masse anonyme qu'on employait à tous les usages, même à faire des eaux gazeuses !

J'ai dit: l'invasion populaire : mais l'on sait que les dévastateurs, les iconoclastes, les vandales de ce temps-là procédaient sur la réquisition des comités d'arrondissement ou de la commune ; qu'ils travaillaient à gages dans la destruction des œuvres d'art et que leurs salaires n'étaient pas moins tarifés que ceux des massacreurs des 2 et 3 septembre 1792. Briser, brûler, supprimer, c'était l'ordre ; comme l'acte en lui-même était brutal et qu'il s'accomplissait avec une furie sauvage, on trouva bon plus tard de l'attribuer à l'aveuglement du peuple, tandis qu'il résultait et de lois expresses et d'ordres administratifs.

D'autre mention concernant Saint-Thomas d'Aquin, nous n'en trouvons plus au *Journal* de Lenoir ; mais, armés des inventaires officiels, nous pouvons demander : Ces belles boiseries du chœur, sculptées par Romié et qui rivalisaient avec celles de Notre-Dame, que sont-elles devenues? Brisées, brûlées sans doute. — Ces tombeaux en marbre des Navailles, ces statues de Coustou, quel musée leur a donné asile ? Le nom du grand sculpteur ne les a pas protégées. — La chaire, ornée de bas-reliefs sculptés par Romié? brûlée encore sans doute. — Les décorations des chapelles, où les marbres étaient prodigués ; les pavés en mosaïque, les bas-reliefs de

Butteux au portail, tout est brisé. L'orgue même a été
transporté au Panthéon.

Ces tableaux du moins, qu'on enferma soigneusement
au dépôt des Petits-Augustins, de même que, dans une
émeute, on jette un citoyen en prison pour le dérober à
la fureur populaire, ces tableaux, dis-je, y rencontrè-
rent-ils un asile sûr? Réservés pour le Muséum, arrivè-
rent-ils un jour à destination? Il est trop facile de ré-
pondre.

Des *cent soixante-douze* toiles qui passèrent du couvent
et de l'église des Jacobins au dépôt des Petits-Augustins, pas une n'est entrée au Louvre. Celle qu'on y voit
aujourd'hui, le *Portrait de Frère André* peint par lui-
même, n'y arriva qu'en 1860, grâce à la générosité d'un
particulier. Il en est revenu quatre à Saint-Thomas
d'Aquin; on peut les y voir[1]. Saint-Nicolas du Char-
donnet (chapelle de la communion) possède les *Disciples
d'Emmaüs*[2]. Je ne compte pas la *Résurrection*, à la
Salpêtrière ; ce tableau n'a jamais appartenu aux Jacobins : le frère André l'avait peint spécialement pour cet
hôpital où il s'était fait soigner. Signalons encore
quelques tableaux à l'église Sainte Marguerite de Paris,
au musée et à la cathédrale de Rodez, à Pamiers, à
Toulon, à Bordeaux, à Fontenay-le-Comte[3] : voilà tout

---

[1] Dans le collatéral de droite, chapelle de Saint Joseph : *L'édu-
cation de Jésus* ; chapelle Saint-Thomas d'Aquin, *Saint Thomas
d'Aquin* ; sacristie: *Saint-Dominique ;* salle des mariages : *Saint
Jean Népomucène.* Ce dernier tableau ne figure pas dans l'inventaire dressé par Doyen en 1790. D'où vient-il ?

[2] Est-ce bien le tableau qu'on voyait avant la révolution dans
la sacristie de l'église des Jacobins ? Est-il même de Frère André ?

[3] J'emprunte ces indications à M. Marionneau, *op. cit.*

ce qu'on connaît de ce peintre si fécond ; encore est-il certain que la plupart de ces tableaux ne proviennent pas des Jacobins de la rue du Bac. — Qu'est-il advenu des autres ?

Le 9 janvier 1794, Lenoir écrivait : « Le citoyen Meunier, commissaire aux accaparements de la section de l'Unité (Abbaye) a enlevé du dépôt, en vertu d'un décret du comité de salut public, pour les transporter à l'arsenal de Paris, savoir : treize figures en plomb représentant des apôtres venant de Sainte-Geneviève, et *vingt-six chapiteaux provenant des Jacobins de la rue du Bac,* de Saint-Germain des Prés et autres lieux, le tout pesant ensemble 3 125 livres, dont il a donné reçu [1]. » Ces chapiteaux surmontaient des colonnes en marbre et étaient en cuivre doré. Vingt-six ! que de colonnes découronnées et comme on voit bien ici le vandalisme en action ! Du moins, ces chapiteaux, qu'on envoyait à l'arsenal, devaient servir à un usage patriotique. Mais les tableaux ?

Deux séries de toiles étaient réservées à une destruction officielle : celle des portraits dits «féodaux»; celles qui retraçaient des scènes rappelant «la superstition. » Lenoir était obligé de tenir un registre dont Chaumette, le procureur de la Commune, avait le double. Le nonidi, veille des fêtes décadaires, celui-ci requérait des tableaux pour les brûler sur l'autel de la patrie dans la fête du lendemain. Du 31 octobre au 23 novembre 1793, on détruisit ainsi 434 peintures, sur état paraphé et signé. Là encore, nous surprenons le vandalisme dans

---

[1] Louis Courajod, *op. cit.* p. 27, n° 203.

ses procédés de légalité barbare et dans ses voies administratives. Combien d'autres toiles furent vendues à
l'encan, sous le Directoire aussi bien que sous la Convention! En juin 1797, en janvier 1798, Lenoir dut
livrer ainsi en bloc pour être vendus à l'hôtel de Nesle
(rue de Beaune) quantité de tableaux : en janvier, il
y en avait 326! Holocaustes patriotiques, d'une part;
ventes à l'encan, de l'autre, voilà où passèrent les œuvres de Frère André, le dominicain, qui avait continué
d'une façon si brillante la tradition de l'art chrétien dans
le cloître.

V

Lois sur les cultes des 21 février et 30 mai 1795. — L'édifice dit
Thomas d'Aquin est attribué au X⁰ arrondissement : Laurens, chef
du culte catholique, et les administrateurs temporels. — État misérable de l'église ; essais de réorganisation ; détails divers. —
Coup d'État du 18 fructidor. — Les théophilanthropes à Saint-Thomas d'Aquin. — La lettre anonyme : Laurens est arrêté, accusé :
il est déporté à l'île de Ré.

Bien que le coup d'État du 9 thermidor eût suspendu
la Terreur, la Convention n'avait renoncé ni aux lois
contre les prêtres ni surtout à sa haine contre le culte
catholique. La réaction, pourtant, fut plus forte qu'elle,
et, devant les réclamations qui venaient de partout, en
face des municipalités qui, en dépit des lois, s'empres-
saient de rouvrir les églises, elle voulut régler ce
mouvement et le discipliner à sa guise. De là, la loi du
3 ventôse an III-21 février 1795.

Tous les cultes garantis ; aucun salarié. — Interdiction aux communes d'acquérir, ou de louer un local. —
Interdiction des cérémonies extérieures, des signes
apparents, de toute inscription ou proclamation. —
Interdiction de former une dotation perpétuelle ou
viagère ou même d'établir des taxes. — La République
ne fournit de local ni pour l'exercice du culte ni pour le
logement de ses ministres. — Tel était le système qu'a-
vaient imaginé les Conventionnels dits modérés, (parmi
lesquels le rapporteur Boissy d'Anglas), pour organiser la

liberté des cultes ou pour y mettre le plus d'entraves
possible. C'est pourtant à cette loi, comme à un type,
que se sont ralliés de notre temps certains partisans de
la séparation de l'Église et de l'État.

Après une si longue oppression, les catholiques ne
s'avisèrent pas de se montrer difficiles : les oratoires
particuliers se multiplièrent; chapelles, chambres,
granges, tout en tint lieu. Comment arrêter une telle
expansion? Comment, surtout, surveiller tant de locaux ?
La Convention comprit sa faute, et, pour assurer la
police qu'elle voulait conserver, elle préféra se montrer
généreuse. Par la loi du 11 prairial an III — 30 mai
1795, elle accorda aux communes l'usage des édifices
non aliénés dont elles étaient en possession en septembre
1793, mais à la condition que les fêtes républicaines y
fussent célébrées concurremment avec les cérémonies
d'un ou de plusieurs cultes et que les citoyens qui en
useraient prissent à leur charge la restauration et
l'entretien de ces édifices. Par application spéciale à la
ville de Paris, le nombre des paroisses fut réduit à une
seule par arrondissement.

C'est en vertu de cette loi que, par arrêté de la municipalité du 27 prairial — 15 juin 1795, l'édifice *dit* Thomas d'Aquin (depuis la Terreur, les saints n'étaient
plus reconnus) fut désigné pour servir au culte dans le
dixième arrondissement.

Il se forma alors dans le quartier, sous le nom d'administrateurs temporels du culte catholique, une société qui, d'office, se chargea de représenter les catholiques
de l'arrondissement, de recevoir des mains de la municipalité l'ancienne église et d'en administrer les intérêts

matériels. Cette société comprenait une douzaine de personnes : un propriétaire de bains, un menuisier, un boucher, un charcutier, un tapissier; hommes honorables, on le reconnaissait alors ; mais, s'il faut les louer, n'est-ce pas plutôt de leur bonne volonté que de leur stricte orthodoxie ? Parmi eux, se trouvait l'ancien premier vicaire, assermenté, comme nous le savons, Laurens, qui allait devenir, suivant le nouveau vocabulaire, *chef du culte catholique*.

A partir de ce moment, il fut tenu un registre de procès-verbaux, grâce auxquels il nous sera possible de suivre pas à pas la réorganisation de la paroisse.

La première séance eut lieu le 13 juillet 1795, séance d'installation où les administrateurs provisoires et Laurens se communiquèrent l'arrêté de la municipalité. Le culte fut-il immédiatement rétabli ? Il ne le semble pas, ou, du moins, le registre n'en porte pas trace. Pour trouver la séance qui suit celle du 13 juillet 1795, il faut aller jusqu'au 25 octobre 1796. Pourquoi cette inaction ? Ne fut-elle qu'apparente ? Dans cet intervalle, s'occupat-on à faire les premières réparations indispensables ? « Les portes déferrées, les dalles en poussière, les vitraux brisés, la couverture dégradée, les eaux pluviales tombant à l'intérieur, la chaire arrachée, les fonts baptismaux démolis, le maître-autel en morceaux [1] » : voilà sous quel triste aspect se présentait cette église, naguère pavée en mosaïques, ornée de marbres précieux, décorée de tableaux et où le culte s'était exercé avec tant de pompe. Que de travaux à faire, urgents et de nature à

---

[1] Pétition des administrateurs en 1798. *Arch. nat.* F⁷ 7599.

retarder la prise de possession ! Cependant les procès-verbaux se taisent : il semble qu'on ne fit rien. Faut-il attribuer cette abstention aux lois révolutionnaires que ressuscita la Convention après le 13 vendémiaire ? à l'attitude violente que prit le Directoire à ses débuts ?

Quoi qu'il en soit, dans cette séance du 25 octobre 1796, l'assemblée des citoyens de la paroisse, réunie à la sacristie, élut d'acclamation douze administrateurs temporels : on décida l'achat d'un encensoir, d'un bénitier; quelqu'un offrit un registre pour y inscrire les procès-verbaux : tels furent les premiers actes de la réorganisation du culte.

Dès lors, les séances se tiennent régulièrement chaque semaine. On s'y occupe de bien modestes détails : ne craignons pas d'y descendre, pour juger de l'indigence où en était réduite cette paroisse à qui les pillages administratifs avaient tout enlevé. On tend des tapisseries aux vitraux brisés des fenêtres; on établit un tronc, on donne un marchepied. Un sieur Albert, propriétaire de bains, 42, quai d'Orsay, nouvellement admis parmi les administrateurs, offre 300 livres pour établir une grille dans le sanctuaire (18 novembre); au chef du culte, on alloue 36 livres par mois; à chacun de ses collaborateurs, 24, « jusqu'à ce qu'il soit possible de faire mieux. »(21 novembre) Bientôt, on fait emplette d'un drap mortuaire pour les enterrements (22 janvier 1797); on cherche des confessionnaux, on règle le tarif des convois (1ᵉʳ mars). Une dame fait don d'une robe de soie et d'un jupon en satin pour une chasuble et deux dalmatiques; une autre fournit le prix de la façon (29 mars). Pâques approche : voici un cierge pascal. Le jeudi-saint, on célèbre la cène : à chaque enfant, il est donné douze sols, une livre de pain et un morceau de fromage.

Au mois d'avril, on achète des ornements. Il est aisé de reconnaître que la confiance s'accentue, que le culte se développe. L'année s'avance : de toutes les parties de la France, les pétitions affluent au conseil des Cinq-Cents pour réclamer l'abrogation des lois contre les prêtres et une sincère liberté des cultes ; les orateurs du Corps Législatif, soutenus par l'opinion publique, prononcent des discours qui retentissent par tout le pays et encouragent les catholiques à prévenir les lois réparatrices qu'ils attendent (juillet-août 1797). Aussi, comme on s'enhardit à Saint-Thomas d'Aquin ! On se procure un *serpent* (19 juillet) ; on afferme les chaises pour trois ans moyennant 2200 livres (16 août) ; on décide de réparer les vitraux (30 août) ; on parle d'acheter une grille qui coûtera 1100 livres, et, parallèlement à ces décisions qui engagent l'avenir, le bruit se répand qu'à l'exemple du clergé d'autres paroisses, les prêtres de Saint-Thomas d'Aquin ont rétracté leur serment à la constitution civile du clergé !

Le 23 août, le Corps Législatif abrogea, en effet, toutes les lois arbitraires précédemment rendues contre le clergé ; mais, douze jours après, éclata le coup d'État du 18 fructidor. Les Conseils sont mutilés ; on couvre de noms des tables de proscription ; la loi du 23 août est abrogée ; une nouvelle loi, qui consacre l'arbitraire, est donnée au Directoire contre les émigrés et les prêtres : c'est une seconde Terreur qu'inaugure le coup d'État[1]. Ainsi, au moment où l'espoir était revenu, où s'ébauchaient les longues pensées d'avenir, où les lois semblaient se remettre au courant des mœurs, tout tremble, tout s'ébranle, tout craque, et l'on retombe dans le chaos.

Deux jours après le Coup d'État, l'assemblée des administrateurs, justement effrayée, décida de suspendre les travaux, les gros du moins ; car, dans les trois mois qui suivirent, on acheta des calices, des fonts baptismaux, et bientôt, les baptêmes se firent non plus dans la sacristie, mais dans une chapelle spéciale. On ajouta même une messe, le dimanche, à l'issue du prône.

Cependant l'orage ne tarda pas à s'annoncer. On connaît cette secte des théophilanthropes qu'avaient fondée quelques personnages obscurs à la fin de décembre 1796, et qui, malgré la protection de Revellière-Lépaux, l'un des cinq Directeurs, n'avait rencontré que l'indifférence et le dédain. Leclerc, de Maine-et Loire, avait tenté, en août 1797, de proposer aux Cinq-Cents l'établissement « d'une religion fondamentale, unique » : le Conseil, soupçonnant que la théophilanthropie était en cause, répondit par la question préalable. Après fructidor, la secte releva la tête, et l'un des premiers actes du Directoire fut de lui assurer la jouissance indivise des douze églises concédées aux catholiques. Par les arrêtés des 2 octobre et 5 décembre 1797, la municipalité distribua les heures de la journée :

---

[1] Le lecteur me permettra de le renvoyer pour le récit de ce Coup d'État et de la persécution qui le suivit à un livre tout récent que je viens de publier et qui a pour titre : LA TERREUR SOUS LE DIRECTOIRE. (Retaux, in 8º.)

aux catholiques, la matinée jusqu'à onze heures ; aux théophilanthropes, de onze heures et demie à trois heures. Ils pouvaient se servir de l'orgue.

Le 17 décembre, les administrateurs temporels de Saint-Thomas d'Aquin, réunis en séance, reçurent la visite de trois membres de la société théophilanthropique qui leur donnèrent communication de l'arrêté du département ; quelques jours après, une lettre les avisa que les théophilanthropes exerceraient leur culte décadi prochain (1" janvier 1798) sur les onze heures du matin.

En considération du trouble que ce partage de l'église llait apporter dan s l'exercice du culte, la première pe n-sée des administrateurs fut de demander asile à la chapelle voisine de la Visitation des dames de Sainte-Marie pour les heures où les théophilanthropes seraient en possession de l'église paroissiale. Mais la propriétaire, une dame Boutin, était alors à la campagne ; on ne donna pas suite à ce projet. On s'arrangea, on parut pu moins s'arranger avec les théophilanthropes ; proté-gés du Directoire, il eût été dangereux de les froisser. Cependant, les recettes baissaient, le déficit s'accusait ; pour le combler, chacun des administrateurs consentait à verser de sa bourse 48 livres ; le fermier des chaises déclarait que, depuis l'installation des nouveau-venus, la location des chaises avait diminué des deux tiers et il demandait la résiliation de son bail. Enfin, la pluie tombait dans le chœur, et les théophilanthropes ne pa-raissaient pas disposés à prendre leur part des frais de réparation (30 mai 1798).

Sur ces entrefaites, il se produisit un incident dans

lequel il est difficile de ne pas voir la main ou des théophilanthropes ou de la police elle-même.

Le 11 juin, à sept heures du soir, se présentait au
bureau du commissaire de police de la division de la
Fontaine Grenelle un sieur Georges Durier, menuisier,
demeurant passage des cy-devant Jacobins, rue Saint-
Dominique, n° 952 ; il déclarait avoir reçu par la poste
la lettre suivante [1] :

« Vous êtes à la porte d'un temple ; vous y travaillez
scandaleusement les jours de fêtes, tandis que vous
voiés une multitude de fidèles s'y rendre pour y adorer
le Dieu du ciel et de la terre. Vous en rendrés compte
dans l'éternité et ici-bas vous ne serez pas employé dans
votre profession par les gens de bien qui ont la liste des
impies. »

Cette lettre était anonyme. En la déposant entre les
mains du commissaire de police, Durier ajoutait « ne
vouloir qu'observer les jours de décadi et fêtes nationales et qu'il serait malheureux pour lui de perdre les
pratiques qui l'emploient. »

Le lendemain, un sieur Mouillard, serrurier, demeurant dans la même maison que le précédent, fait la même
plainte accompagnée de la même profession de foi. Il
déclare « que son opinion le porte à ne reconnaître que
les jours de décades et de fêtes nationales, que déjà plusieurs de ses pratiques l'ont quitté, et il s'aperçoit que
dans les maisons voisines où il pourrait être employé,
il s'en voit écarté....; que tous les dimanches et fêtes,

[1] J'emprunte les éléments de mon récit pour cet incident au dossier de Laurens (*Arch. Nat.* F⁷ 7599).

un grand nombre de personnes qui se rendent à la messe à Thomas d'Aquin lui font des vexations sur ce qu'il travaille les dits jours, et notamment un particulier demeurant rue Guillaume, maison Crussole (*sic*), boiteux et gros, qui lui dit qu'il vaudrait mieux payer une amende que de se damner. »

Si l'on tient compte et du soin jaloux avec lequel le Directoire veillait à l'observance du décadi et de l'insistance que mettaient les deux plaignants à se déclarer fidèles à ces fêtes révolutionnaires, on peut croire que l'administration reçut sans déplaisir ces dénonciations. A ses yeux, cette paroisse de Saint-Thomas d'Aquin avait le tort d'attirer des catholiques des quartiers les plus éloignés, catholiques dits « fanatiques » qui, fuyant les églises desservies par des prêtres assermentés, trouvaient dans celle-ci des prêtres rétractés ou qui passaient pour l'être. Quant à l'auteur de cette lettre anonyme, il semble qu'il l'eût fallu chercher soit parmi ces personnes qui, au dire de Mouillard, le blâmaient publiquement, en se rendant à la messe, de travailler le dimanche, soit en s'adressant à « ce particulier boiteux et gros qui habitait la rue Guillaume. » Mais le commissaire de police préféra se tourner d'un autre côté.

Sous prétexte de renseignements à demander sur un des prêtres habitués de la paroisse, il s'adresse à Laurens: celui-ci, sans défiance, répond par écrit. Le commissaire compare avec cette lettre l'écriture de la lettre anonyme ; il croit y découvrir des ressemblances; il appelle un expert qui, naturellement, les affirme. Perquisition au domicile de Laurens (17 juin) : on ne trouve chez lui que quelques lettres de famille, deux fragments d'allo-

cution et des notes relatant des baptêmes. On l'arrête ,
on le conduit au bureau central.

Le 20, il y subit un interrogatoire devant Lessore, un
des administrateurs.

Laurens craint d'être accusé d'avoir tenu un registre de baptêmes et d'avoir enfreint la loi qui attribue
exclusivement au pouvoir civil la tenue des actes de
l'état civil : il s'en défend avec la plus grande insistance ; toute sa prudence passée et présente se révèle dans
ses paroles : « On n'a trouvé, dit-il, aucuns registres,
car j'ai toujours eu à cœur d'être fidèle observateur de la
loi. Je ne prends que des notes sur des feuillets volants des
baptêmes, afin que les citoyens qui par la suite pourraient
voyager dans des pays catholiques puissent justifier de
leur baptême. Les mariages et les enterrements ne nous
regardent pas ; seulement, pour les mariages, je prends
les noms des époux afin de m'en ressouvenir lors de la
cérémonie ; mais, *aussitôt après, je déchire ce feuillet
volant sur lequel je les avais écrits.* Dans le temps que
le siège épiscopal de Paris était occupé par le citoyen
Gobet [1], on était convenu d'une forme pour l'administration des sacrements et la manière de les constater ;
mais je ne l'ai jamais adoptée. »

Il s'agissait de bien autre chose. On lui présente la
lettre anonyme, on lui dit que l'expert en trouve l'écriture semblable à la sienne [2]. — Laurens répond « qu'elle
n'est pas de lui, qu'il n'a jamais eu pareille idée ; » il

[1] C'est ainsi en effet qu'on prononçait, bien qu'on écrivît *Gobel.*

[2] La lettre originale et celle que Laurens écrivit sous la dictée sont
toutes deux au dossier : il est difficile, à mon avis, de saisir entre
les écritures même l'ombre d'une ressemblance.

signale des différences dans la forme des lettres, il offre
spontanément de l'écrire sous la dictée. C'est ce qui a
lieu sur l'heure. Du reste, il n'a jamais vu ni connu
Mouillard, même de nom ; quant à Durier : « Je con-
nais beaucoup ce dernier qui a travaillé dans le temple
pour les théophilanthropes et qui s'est toujours conduit
avec sagesse et décence ; si j'avais eu quelque chose
à lui faire savoir, je le lui aurais dit fraternellement et
ne lui aurais pas écrit. — D. Vous doutez-vous de qui
peut être cette lettre ? — R. Non, je n'ai aucune idée
là-dessus et ne sais qui en soupçonner. » Il termina en
justifiant de la prestation des divers serments.

Ici apparaît, dans la simplicité de ses procédés arbitraires , la justice du Directoire . Laurens ne sera
pas confronté avec ses accusateurs; il ne comparaîtra pas
devant un tribunal : tout va se passer entre les bureaux
du ministre de la police et le Directoire. Le rapporteur
le considère comme un ennemi dangereux du gouvernement républicain « qui compromet la tranquillité publique et la sûreté individuelle en signalant à la vengeance
des fanatiques deux citoyens amis des lois et des institutions républicaines. » — Le chef de division enchérit encore : « *Connaissant d'ailleurs la réputation dont jouit le
prêtre Laurens* (or, rien au dossier, n'entachait la réputation de Laurens) je pense qu'il y a lieu de faire un rapport en déportation contre cet homme *qui ne fut jamais
un vrai patriote.* » Et au-dessous, d'une autre écriture :« Déportable comme pèrturbateur. »

En effet, le **23** messidor an VI - **12** juillet 1798, le
Directoire rendit contre Laurens l'arrêté suivant :

Le Directoire exécutif, ouï le rapport du ministre de la

police générale et vu les pièces à l'appui desquelles il résulte que le nommé Jean-Joseph Laurens, prêtre, domicilié dans la rue du Bacq, division de Fontaine Grenelle, canton de Paris, département de la Seine, est convaincu de manœuvres tendantes à avilir les institutions républicaines et à compromettre l'industrie et la tranquillité des citoyens qui se montrent soumis aux lois et aux actes du gouvernement :

En vertu de la loi du 19 fructidor an V,

> Arrête :

Le nommé Laurens, ci-dessus désigné, actuellement détenu dans la chambre d'arrêt du bureau central du canton de Paris, sera déporté.

Signé : MERLIN.

Depuis fructidor, la déportation était, comme on le sait, la peine unique : le Directoire, qui l'avait inventée, s'en montrait prodigue [1]. Dès le 30 juillet, le ministre de la police donna l'ordre d'expédier Laurens à l'île de Ré. Mais, par les dates des nombreuses pétitions qu'il adressa au Directoire (29 juillet ; 3, 13, 18 août et 4 septembre), nous voyons qu'il resta plus d'un mois encore à la prison de la Force. Chacun de ses mémoires justificatifs était accompagné d'une lettre de recommandation de son frère, Bernard Laurens, l'ex-conventionnel, adressée à Merlin, à Treilhard, à Lambrechts, ministre de la justice : chaque fois, au-dessous du renvoi au ministre de la police, on lit l'invariable formule

[1] Cf. LA TERREUR SOUS LE DIRECTOIRE, Livres IV, V et VI : *La Persécution religieuse, la Déportation ecclésiastique à la Guyane, la déportation à l'île de Ré et à l'île d'Oléron.*

4

administrative : *à classer*. Le 13 août, « quelques citoyens qui ont coutume d'assister aux offices du Culte Catholique à Saint-Thomas d'Aquin » adressèrent au Directoire une pétition imprimée, mais non signée, en faveur de Laurens ; ils le représentaient comme « un homme paisible, bienfaisant et soumis aux lois ». Quant à la lettre, ils l'attribuaient, « d'après un bruit qui s'était répandu, à un vieillard d'un zèle indiscret et répréhensible, demeurant rue Cassette, *où il vient de décéder,* et qui serait coutumier de pareilles lettres anonymes. » Cette défense un peu naïve n'était pas de nature à modifier la décision du Directoire.

Laurens dut partir de Paris dans le courant de septembre ; il débarqua à l'île de Ré le 12 octobre 1798.

VI

L'église est fermée pour la seconde fois. — Pétitions des administrateurs temporels, et, plus tard, de l'abbé Filastre. — Autorisation de réouverture accordée à ce dernier [1].

(7 août 1798-12 janvier 1800)

La paroisse constitutionnelle de Saint-Thomas d'Aquin n'avait pas été heureuse avec ses chefs: le premier, à peine élu, l'avait quittée pour passer évêque ; le deuxième était mort sur l'échafaud ; le troisième s'en allait en déportation. De plus, comme pour bien montrer que Laurens n'avait été que le bouc émissaire et qu'on en voulait à la paroisse elle-même, le même jour qu'il ordonnait la déportation du curé constitutionnel, le Directoire prescrivait au ministre de la police de faire fermer l'église. Le pouvoir exécutif avait-il le droit de supprimer par voie administrative une paroisse qu'une loi avait établie et de dépouiller ainsi un arrondissement de la faculté d'exercer son culte ? On se le demanda sans doute, mais on passa outre : la seule satisfaction que le Directoire donna à ses scrupules fut de ne pas prendre un arrêté spécial et de faire opérer la fermeture tout simplement, pour ne pas dire tout bru-

---

[1] Tous les éléments de ce chapitre sont empruntés soit au dossier des Archives nationales déjà cité (F⁷ 7599), soit aux registres de la paroisse que m'a communiqués M. l'abbé Ravailhe.

talement, par le commissaire de police. C'est ce qui eut
lieu le 7 août.

Cette mesure, qui frappait les catholiques, atteignit
indirectement les théophilanthropes. Ils s'empressèrent
de réclamer : immédiatement, le ministre de la police fit
droit à leurs plaintes, et ordonna que le temple fût ou-
vert pour eux aux heures ordinaires de leurs exercices.

Les administrateurs temporels du culte catholique
tentèrent une démarche semblable, mais elle n'eut pas
le même succès (20 août).

Le ministre demanda l'avis du commissaire de police.
Celui-ci répondit (26 août) qu'«une douzaine de fanatiques s'agitaient et qu'ils en menaient d'autres ; qu'à son
sens, c'était une raison pour ajourner indéfiniment la
réouverture de l'église. » — « Depuis la fermeture,
ajoutait-il, beaucoup de personnes oublient les cy-devant dimanches ». C'était bien ce qu'on voulait. Quant
aux « dévots», ils pouvaient aller à l'église Sulpice ;
mais, disait-il, « ils n'y iront pas : 1° parce qu'ils se sont
érigés en administrateurs du culte catholique en cette
église pour être quelque chose ; 2° c'est que le citoyen
Mahieux (*sic*) exerçant à Sulpice ne leur plaît pas,
parce qu'il paraît soumis au gouvernement. » — Mahieu,
prêtre assermenté, ancien premier vicaire de l'oratorien
Poiret, curé constitutionnel de Saint-Sulpice, avait été,
à la mort de ce dernier, élu curé (5 août 1792). — « Je
vous représente aussi, disait en terminant le commissaire de police, que tout ce qu'il y avait de plus grands
fanatiques dans les quartiers éloignés venaient à cette
église ; les prêtres et les soi-disant administrateurs sont
donc à leur dévotion. »

Sur toutes ces bonnes raisons, on écrivit en marge de la pétition : « L'église a été fermée par ordre du Directoire. » Cela répondait à tout. Une nouvelle pétition arriva le 17 septembre : on y inscrivit seulement : « à classer ».

C'est vers cette époque (octobre 1798) que les divers édifices religieux remis aux catholiques reçurent de l'administration centrale de la Seine de nouvelles dénominations, et, pour ainsi dire, une dédicace civique. L'église Saint-Thomas d'Aquin fut « consacrée » à *la Paix*. « Les Romains, dit l'arrêté, avaient un temple ainsi dédié ; *le Temple de la Paix* ne peut être mieux placé qu'auprès de celui dont on va parler. » « On lit en effet, immédiatement à la suite : l'église Saint-Sulpice à *la Victoire*. Cet édifice est dans la division du Luxembourg, où est situé le Palais Directorial. » (*Moniteur* du 27 octobre 1798.)

En novembre 1798, le ministre de la police, Lecarlier, ayant fait place au ci-devant chevalier Duval, de la Seine-Inférieure, qui, dans le chœur de régicides qui gouvernait la France, avait du moins le mérite de n'avoir pas voté comme eux, deux administrateurs temporels crurent le moment favorable pour adresser une nouvelle pétition. Ils reproduisirent le texte des précédentes, mais en y ajoutant la phrase suivante : « Votre amour, citoyen ministre, connu pour les principes fait espérer aux catholiques que vous voudrez bien leur donner une prompte satisfaction ; elle leur sera d'autant plus précieuse qu'elle leur fournira l'occasion de renouveler avec encore plus d'ardeur les vœux dont leur temple n'a cessé de retentir pour la conservation des

autorités constituées et la prospérité de la République
Française ».

Nouveau ministre, nouvelle enquête, nouveaux rap-
ports. Le commissaire de police rend hommage « à la
probité et à la bonne réputation » des administrateurs ;
mais quels fanatiques ! Ils le sont plus que les prêtres.
N'espéraient-ils pas, avant le coup d'état, se faire resti-
tuer l'usage des cloches ? n'osent-ils pas dire qu'en leur
fermant le temple, le département a attenté à la liberté
des cultes ? Ils paraissent avoir l'intention de nommer
chef du culte Piorey, desservant des *Missions étrangères*;
de là, un désaccord entr'eux et les prêtres de Saint-Thomas d'Aquin qui craignent d'être évincés par le nouveau
venu. Du reste, le commissaire conclut, sans y mettre
de façon, que « sa division n'est pas assez fanatisée pour
qu'elle ne puisse bien se passer de prêtres et d'administrateurs du culte catholique. »

La municipalité de l'arrondissement, consultée aussi,
ne manifeste pas plus de goût pour les catholiques. Elle
ne pouvait les accuser de sédition ; mais, disait-elle,
« ils ne sont point amis de la chose publique non plus
que du gouvernement républicain. » — « A l'égard des
prétendues prières que font les catholiques, nous
ajoutons si peu de confiance en la ferveur de ces indi-
vidus en cette occasion, que nous considérerions la
chose publique comme perdue si son salut en dépendait.
Enfin, citoyen ministre, notre avis est, puisque vous le
demandez, qu'il est impossible de concilier l'exercice du
culte catholique avec la célébration des fêtes décadaires
dans le *Temple de la Paix* qui est peut-être le plus mal
distribué de tous les temples de Paris. Nous concluons

donc à ce que vous veuilliez bien maintenir la clôture,
si vous le jugez à propos. »

Pauvres motifs ! mais ils suffirent au ministre. Une
autre pétition, en date du 6 décembre, signée seulement
de Coquereau, menuisier, rue de Verneuil, n° 406, l'un
des administrateurs temporels, provoqua un nouveau
rapport qui conclut, non-seulement au maintien de la fermeture, mais à ce que le ministre fît surveiller chacun
des prêtres attachés à l'église. — « Adopté », écrit Duval
en marge, et il fait adresser une lettre dans ce sens au
bureau central (20 décembre 1798).

Le parti-pris de l'administration était évident : on se
résigna. Quatre mois se passèrent dans le silence. Le 11
avril 1799, un nouveau pétitionnaire entre en scène :
Filastre, prêtre, attaché à l'église depuis la réouverture,
demeurant rue de Grenelle, n° 111. Pourquoi cette ini-
tiative d'un prêtre ? Espérait-il avoir plus de crédit que
les administrateurs ? Peut-être, mais cette intervention
a besoin d'être expliquée.

Depuis que la constitution civile du clergé n'existait
plus, les élections aux cures avaient cessé de se faire
suivant ses prescriptions. Aucune loi nouvelle n'était
intervenue. Il semblait donc que le choix du chef du
culte dût revenir aux paroissiens ou aux administrateurs. Je n'examine pas le droit, je constate le fait. Aussi,
dès que Laurens fut parti pour l'île de Ré, les administrateurs de Saint-Thomas d'Aquin se préoccupèrent de
lui trouver un successeur, au moins pour l'époque,
qu'ils espéraient prochaine, où la jouissance de l'église
leur serait rendue.

A tort ou à raison, ils étaient mal disposés pour les

prêtres qui desservaient alors la paroisse. Le 13 septembre on vota sur la question de savoir si on les conserverait ou non : deux n'obtinrent qu'une voix favorable sur huit ; un seul obtint cinq voix contre quatre. En conséquence, l'assemblée décida qu'elle « se pourvoirait de quatre ecclésiastiques vertueux et de bonnes mœurs dont un aurait provisoirement le titre de chef du culte. » On disait : *provisoirement;* car, bien qu'aux yeux du Directoire, Laurens déporté fût considéré comme frappé de mort civile et dépouillé de toutes ses fonctions et de tous ses droits, aux yeux des administrateurs, il était réputé seulement *absent.*

Le 23 septembre, on vota. Il y avait dix-huit candidats. L'élu fut l'ancien et heureux concurrent de Minée à la cure de Saint-François d'Assise, Sibire (*Suprà*, p. 18) ; on lui adjoignit quatre collaborateurs et deux « prêtres externes » *(sic).* Dans tous ces votes, il n'était pas question de Filastre, du reste, l'hostilité des administrateurs, leurs manœuvres, leurs scrutins le trouvèrent parfaitement indifférent : il semble même qu'en prenant d'office la direction et les intérêts de cette paroisse provisoirement fermée, il ait voulu secouer le joug de ces administrateurs ; et quelle que soit l'incertitude qui règne encore pour nous sur le caractère de ce prêtre, sa lutte contre les tenants laïques de l'église constitutionnelle donne de son orthodoxie certain préjugé favorable.

Il s'adressa donc à l'un des Directeurs, à Barras ; il rappela son civisme, « sa *scrupuleuse* observation des lois », il allégua que Saint-Thomas d'Aquin était l'église désignée par la loi pour l'exercice du culte dans le dixième arrondissement : que c'était la seule ; que, pour les vieillards, les infirmes, les femmes et les enfants, Saint-Sulpice était bien loin ; qu'enfin, l'église n'avait été fermée que provisoirement, et il offrait, « sous sa responsabilité, d'en tenir la jouissance pour les citoyens catholiques. »

Cette pétition n'eut pas plus de succès que les autres.

Six mois se passent. Nouvelle pétition de Filastre. On est au 27 octobre 1799. Les Directeurs fructidoriens ont été renversés ; Siéyes louvoie entre les partis et cherche un homme ; Bonaparte est arrivé d'Égypte. Dans quelques jours, le coup d'état de brumaire va éclater. On le prévoit, on le désire, on l'attend. Fouché, depuis le mois de juillet, est ministre de la police. Il demande « un prompt rapport ». Il fait plus : il invite le bureau central à lui donner son opinion « sur cette nouvelle demande et *sur les inconvénients qu'il pourrait y avoir à rouvrir Thomas d'Aquin.* » N'y a-t-il pas, dans ces quelques mots, un changement d'allure et de ton ? *Intelligenti pauca :* le bureau central ne va-t-il pas comprendre à demi-mot ? Le commissaire du gouvernement près l'administration municipale du dixième arrondissement, un sieur Pollart[1], tout en reconnaissant la bonne réputation de Filastre et de ses collaborateurs, répond « que la majorité des citoyens s'inquiète peu de la situation ; qu'il y a d'ailleurs plusieurs oratoires privés », et il conclut au maintien de la fermeture. A la police, le chef de bureau, qui a l'oreille du maître et qui sent que

---

[1] S'agit-il de cet ancien bénédictin de l'abbaye de Saint-Denis, maire de cette ville, qui se maria le 9 novembre 1793 et qui fut depuis député aux Cinq-Cents où il prononça un discours (22 mars 1799) sur les incendies qui détruisaient les monuments de Paris ?

le vent change, est moins décidé : il soumet ses doutes;
les circonstances ne sont plus les mêmes ; la dernière
décision date d'une année. Cependant, l'autorisation
n'est pas accordée encore (12 décembre).

Les administrateurs se réveillent ; le 11, le 23 décembre 1799, le 5 janvier 1800, arrivent de leur part
pétitions sur pétitions ; la dernière est appuyée de
quatre-vingt quinze signatures d'habitants du quartier.
Mais Filastre ne renonce pas à la lutte : le 23 décembre, il pétitionne à nouveau. Cette fois, le rapporteur
n'hésite plus ; il combat nettement l'avis de Pollart :
« Je pense, écrit de son côté le ministre, qu'il n'existe
aucun motif suffisant pour maintenir la fermeture de
cet édifice et suspendre ainsi l'effet d'une loi. »
La loi ! on y songeait enfin. Pour expliquer ce retour
de mémoire, hâtons-nous de dire qu'un arrêté des con-
suls (7 nivôse-28 décembre 1799) venait de rappeler
l'attention des administrations sur les lois oubliées.

En conséquence, le ministre accorda la réouverture
du temple, et autorisa le « citoyen Filastre » à en repren-
dre possession, « si d'ailleurs il a rempli les conditions
prescrites par la loi. » (8 janvier 1800) C'était partie gagnée et gagnée pour l'abbé Filastre. Le 13 janvier, les
clefs lui furent remises : les administrateurs temporels
n'y firent pas opposition.

VII

Compétitions entre Laurens et Filastre : Laurens est réélu chef du
culte, mais Filastre n'en garde pas moins les fonctions. — Fin du
culte théophilanthropique : exécution des statues républicaines
par Filastre ; scandale ; destitution de Filastre ; déposition malveillante de Laurens qui est rétabli dans ses fonctions. — Fin du
culte constitutionnel. — Érection canonique de la paroisse Saint-
Thomas d'Aquin ; son premier curé légitime.

(12 janvier 1800-7 mai 1802)

L'église était rouverte : Filastre était chef du culte,
ou, du moins, il se considérait et il agissait comme tel.
Les administrateurs voulurent, comme par le passé,
toucher le montant des quêtes, en régler la distribution,
statuer sur les honoraires des prêtres : Filastre n'en tint
compte. Il se plaignit même au ministre de la police
(21 février 1800) qui refusa d'intervenir. Les administrateurs désignèrent alors un sacristain à leur dévotion
(9 mars) ; Filastre le renvoya et en mit un autre à la
place.

Sur ces entrefaites, Laurens revint de l'île de Ré,
rentra dans la paroisse et y exerça le culte, mais sans
titre spécial. Filastre ne se retira pas devant lui. Laurens n'en apportait pas moins aux prétentions des administrateurs un renfort sérieux. A leurs yeux, il était le
pasteur légitime : la déportation lui avait même mis au
front quelques rayons d'auréole. Quels droits avait Fi-

lastre ? Contestables dans leur origine, en tout cas provisoires. Laurens ſrevenu, Filastre redescendait à son rang de vicaire : s'il aspirait à un titre plus élevé, s'il retenait ce titre, ce n'était qu'un intrus, un usurpateur ; il était temps de remettre toutes choses et toutes gens à leur place.

Le 19 mars, se réunissent les administrateurs, non pas à à la sacristie, suivant leur usage, mais chez l'un d'eux. C'est un complot qui se prépare. Laurens est présent. On délibère sur « les mesures à prendre pour faire cesser toutes les difficultés qui se sont élevées depuis l'ouverture de l'église et faire régner la paix entre les ecclésiastiques et l'administration. » Quelqu'un rappelle le renvoi du sacristain : l'administration est « désolée ». Enfin, on s'ajourne au lendemain : seront convoqués les ecclésiastiques et le plus grand nombre possible de fidèles « à l'effet d'émettre un vœu pour rendre à l'église la tranquillité. » A travers la modération et les réticences du procès-verbal, il faut deviner qu'on a discuté et arrangé la mise en scène de la séance du lendemain et les résolutions qui y seront votées.

Le 20 mars, la séance a lieu dans la sacristie : Filastre est absent, Laurens aussi ; chacun d'eux a ses motifs. Du reste, le voile est tout de suite déchiré. Une des personnes présentes, prenant la parole, rappelle qu'en prairial an III les clefs ont été remises à Laurens ; qu'à lui seul appartient la direction du culte ; elle propose en conséquence qu'il soit réintégré dans ses fonctions et que « le citoyen Filastre » soit immédiatement avisé de ces décisions et invité à remettre les clefs et les orne-

ments. L'assemblée approuve. Quatre commissaires
se transportent au domicile de l'abbé Filastre ; mais ils
ne l'y trouvent pas. On décide que la visite sera réitérée.
Néanmoins, la situation ne changea pas : Laurens continua à exercer le culte dans l'église, Filastre en resta le
chef. Mais un fâcheux incident qu'amena son imprudence l'obligea bientôt à se retirer.

Les théophilanthropes n'étaient plus en faveur ; ils
avaient renoncé presque partout à célébrer leurs cérémonies. Les administrateurs de Saint-Thomas d'Aquin
demandèrent l'autorisation de débarrasser les armoires
de tous les objets qui, par la retraite des théophilanthropes, étaient devenus hors d'usage, ainsi que d'enlever les gradins, les bustes, les statues, les tentures
qui occupaient le centre de l'église. Le préfet de police [1] accorda cette permission (12 avril) et le maire
(c'était alors Armand Joseph de Béthune, duc de Charost, surnommé sous la révolution le *Père de l'humanité*)
confirma la permission, sous la réserve que l'opération
aurait lieu sous la surveillance de ses adjoints, aux
frais des catholiques, et sans gêner les cérémonies
civiques. En effet, les fêtes décadaires se célébraient encore, non pas que, personnellement, Bonaparte les goûtât, mais il hésitait à les supprimer, pour ne pas s'exposer à la fois et au mécontentement des athées et, ce qu'il
trouvait prématuré, à la reconnaissance des catholiques.

Dès le lendemain, on se mit à l'œuvre. C'était le
13 avril, jour de décadi. A l'issue de la cérémonie ci

---

[1] Il y avait alors, dans ces premiers temps du consulat, un préfet de police et un ministre de la police générale auquel le premier
était surbordonné : un sieur Dubois était l'un, Fouché était l'autre.

vique des mariages, vers deux heures de relevée, l'abbé
Filastre, assisté de trois officiers de l'église, fit procéder
à l'opération. On démolit l'estrade, on transporta les
bustes dans un petit local proche de la sacristie où il
était d'usage de les déposer ; tentures, drapeaux furent
déplacés de même. Il restait trois grandes statues en
plâtre, élevées sur des piédestaux et qui servaient pour
les fêtes décadaires. Était-ce assez de trois hommes,
n'ayant du reste aucune pratique de ce genre de travail,
pour soulever sans accident de telles masses ? En dépit
des précautions, la première statue leur échappa des
mains et se brisa dans sa chûte. Il en fut de même de
la deuxième. Quand on en vint à la troisième dont le
piédestal était plus haut que celui des deux autres, le
dépit d'avoir deux fois si mal réussi, la fatigue, la
crainte d'accidents nouveaux troublèrent l'esprit des
travailleurs, et, désespérant de mener l'entreprise à
meilleure fin, ils saisirent des marteaux et des bûches
et démolirent la statue. Que faire de tous ces débris ?
L'abbé Filastre songea d'abord à prévenir le scandale ;
il ferma les portes de l'église. Puis, estimant que le
meilleur parti était de dérober aux yeux ces ruines des
fêtes républicaines, il les fit jeter en hâte dans un
caveau tout proche du maître-autel et qui n'était re-
couvert que de planches.

A distance, nous pouvons sourire ; mais à cette époque,
il n'était point permis de traiter avec irrévérence des
statues républicaines, fussent-elles en plâtre. Le fait
s'ébruita ; les théophilanthropes du quartier, les survi-
vants de la République s'émurent ; le maire dut faire un
rapport. Il y mit de l'indulgence, attribua l'incident à

la maladresse plutôt qu'à la malveillance et conclut en disant qu'il ne fallait pas faire d'éclat. Le commissaire de police, moins facile, estima que la maladresse, pour être incontestable, n'en était pas moins « inexcusable » ; que Filastre aurait dû prendre des ordres, « que ces statues auraient pu servir ailleurs, etc ».

Un mois après l'incident, le maire prit un arrêté par lequel il ordonna de retirer au citoyen Filastre les clefs de l'église et de les remettre à l'un des administrateurs (13 mai). Ce qui eut lieu par les soins du commissaire de police. Filastre rendit ses comptes. Un des membres en prit occasion pour lui reprocher sa conduite qui avait compromis le maire, les adjoints et les administrateurs ; il ajouta « qu'il n'était plus possible qu'il restât au nombre des ecclésiastiques desservant l'église ; qu'en conséquence l'administration l'engageait à se retirer et à ne plus s'immiscer dans aucune fonction concernant la sacristie ni aux offices même ; que, néanmoins, il aurait toujours la liberté de professer son culte dans cette église *en prenant l'heure qui lui serait indiquée par le citoyen Laurens,* ECCLÉSIASTIQUE EN CHEF DE CETTE ÉGLISE ». (28 mai 1800) Le lendemain, un nouveau sacristain fut installé, et, le 31 mai, l'administration fut reconstituée telle qu'elle était avant la fermeture.

Laurens triomphait. Il n'y gagna pas en honneur. Dans l'enquête ouverte à l'occasion de l'incident du 13 avril, il se présenta devant le secrétaire général de la police : c'était le chevalier de Piis, ancien chansonnier et vaudevilliste. Laurens n'avait pas été témoin des faits, il n'apparaît même pas qu'il ait été appelé à déposer. Il vint pourtant et déclara que, le jour de l'incident, il s'était dans l'après-midi rendu au temple pour l'exercice du culte, que les portes étaient fermées ; qu'ayant néanmoins réussi à pénétrer par une porte latérale, le citoyen Brucelles lui aurait dit « qu'ils venaient de faire de bonne besogne, qu'ils avaient brisé les statues à coups de bûches et jeté les débris dans le caveau ». Le lendemain, à la sacristie, Filastre lui aurait raconté le fait sur un ton de plaisanterie, ajoutant qu'au moment où tous ces débris disparaissaient dans le caveau, il aurait dit : *Requiescant in pace,* « et qu'il n'irait pas chercher de chirurgien pour leur rajuster les membres ».

Cette déposition malveillante tourna contre son auteur. Le secrétaire général la prit pour une dénonciation qui ne devait pas mériter beaucoup de confiance et qui était sans doute l'effet de la jalousie de ce prêtre ou de sa haine contre Filastre.

Cependant, l'affaire n'eut pas de suite. La police avait émis la prétention de faire rétablir les statues. Mais la question perdit bien vite de son intérêt ; en effet, le 14 août, le maire avisa les administrateurs que la célébration civique des mariages n'aurait plus lieu dans l'église et l'invita à renvoyer à la mairie tous les objets qui servaient aux fêtes décadaires.

Sur la période comprise entre août 1800 et mai 1802, les procès-verbaux des séances de l'administration temporelle font presque complètement défaut. Nous y constatons pourtant un fait grave : c'est qu'en octobre 1800, Mgr de Maillé de la Tour Landry, évêque de Saint-Papoul (Aude), revenu lui aussi de la déportation à l'île de Ré, donna la confirmation en l'église cien clergé *constitutionnel* en est sorti ou qu'il a fait sa soumission. En février 1802, c'est un sieur Bertinot qui est indiqué comme chef du culte. A partir de cette époque, les rares procès-verbaux qu'on rencontre ne portent aucune signature. Le 9 juin, on réorganise les services de l'église. C'est que, par ordonnance du cardinal de Belloy, archevêque de Paris (7 mai 1802), l'église Saint-Thomas d'Aquin vient d'être, cette fois canoniquement, érigée en paroisse et qu'elle a reçu un pasteur légitime. C'était Charles-André-Toussaint-Bruno Ramond de la Lande, né à Montauban le 1er novembre 1761 ; sa signature n'apparaît néanmoins sur le registre que le 18 octobre 1802.

En 1817, il sera nommé évêque de Rodez ; mais il ne prendra possession de son siège que le 13 avril 1824. Cette année-là même, il donna la confirmation à un jeune enfant qui devint, lui aussi, curé de Saint-Thomas d'Aquin, qui l'est encore et qui, le 27 décembre dernier, y a célébré ses noces d'or sacerdotales.

1 Dans *La Terreur sous le Directoire* (194-199), j'ai donné des détails inédits sur la conduite et la vie de Mgr de Maillé à Paris pendant la Révolution.

TABLE

Avis v

I

Le Noviciat général des Jacobins de la rue du Bac. — L'église du couvent : sa distribution. — Frère André, peintre. — Lois qui confisquent les biens ecclésiastiques et qui suppriment les vœux monastiques. — Déclarations des religieux : leur fidélité à leur Ordre et à leur maison ; inventaires. — Décret-loi du 4 février 1791 qui érige en paroisse constitutionnelle l'église des Jacobins de la rue du Bac, sous le nom de Saint-Thomas d'Aquin. — La municipalité déménage le couvent. — Expulsion des religieux ; mort du P. prieur ; vingt pères se réfugient dans les greniers et y demeurent jusqu'au 5 octobre 1793. . . . . page 1

II

L'assemblée électorale du district de Paris élit à la cure constitutionnelle de Saint-Thomas d'Aquin Julien Minée, ex-curé des Trois-Patrons de St-Denis.— Antécédents de Minée ; sa prestation de serment au schisme le 16 janvier 1791. — Son discours à Notre-Dame le 13 mars. — Il est élu le lendemain à Nantes évêque constitutionnel de la Loire-Inférieure. — Il opte pour l'épiscopat : sa destinée. . . . . page 17

III

Élection du 27 mars 1791 : Latyl, oratorien et député à l'Assemblée constituante. — Scènes de violence contre les catholiques à la chapelle des Théatins: Latyl à la tribune du club des Jacobins. Sa défense. — Il est arrêté et détenu à Bicêtre, puis aux Carmes. — Impliqué dans la conspiration des prisons, il est condamné à mort et exécuté le 23 juillet 1794. . . . . page 25

IV

Laurens, premier vicaire, devient administrateur de la paroisse :
c'est un titre plutôt qu'une fonction. — Détails sur Laurens. —
Décembre 1793, déménagement de l'église ; le rôle de l'administration. — Sac de l'église. — Que devinrent les 172 tableaux em-
magasinés aux Petits-Augustins ? L'Œuvre de Frère André : ce
qu'il en reste. — Les holocaustes sur l'autel de la patrie. — Les
Fêtes républicaines et l'encan. . . . . page 30

V

Lois sur les cultes des 21 février et 30 mai 1795. — L'édifice dit
Thomas d'Aquin est attribué au Xe arrondissement : Laurens, chef
du culte catholique, et les administrateurs temporels. — État misérable de l'église ; essais de réorganisation ; détails divers. —
Coup d'État du 18 fructidor. — Les théophilanthropes à Saint-Thomas d'Aquin. — La lettre anonyme : Laurens est arrêté, accusé :
il est déporté à l'ile de Ré. . . . . - . . page 38

VI

L'église est fermée pour la seconde fois. — Pétitions des administrateurs temporels, et, plus tard, de l'abbé Filastre. — Autorisation de
réouverture accordée à ce dernier. . . . . page 51

VII

Compétitions entre Laurens et Filastre : Laurens est réélu chef du
culte, mais Filastre n'en garde pas moins les fonctions. — Fin du
culte théophilanthropique : exécution des statues républicaines
par Filastre ; scandale ; destitution de Filastre ; déposition malveillante de Laurens qui est rétabli dans ses fonctions. — Fin du
culte constitutionnel. — Érection canonique de la paroisse Saint-
Thomas d'Aquin ; son premier curé légitime. . . . . . page 59

Imprimerie Notre-Dame des Prés. — Ern. Duquat directeur.
Neuville-sous-Montreuil (P.-de-C.)

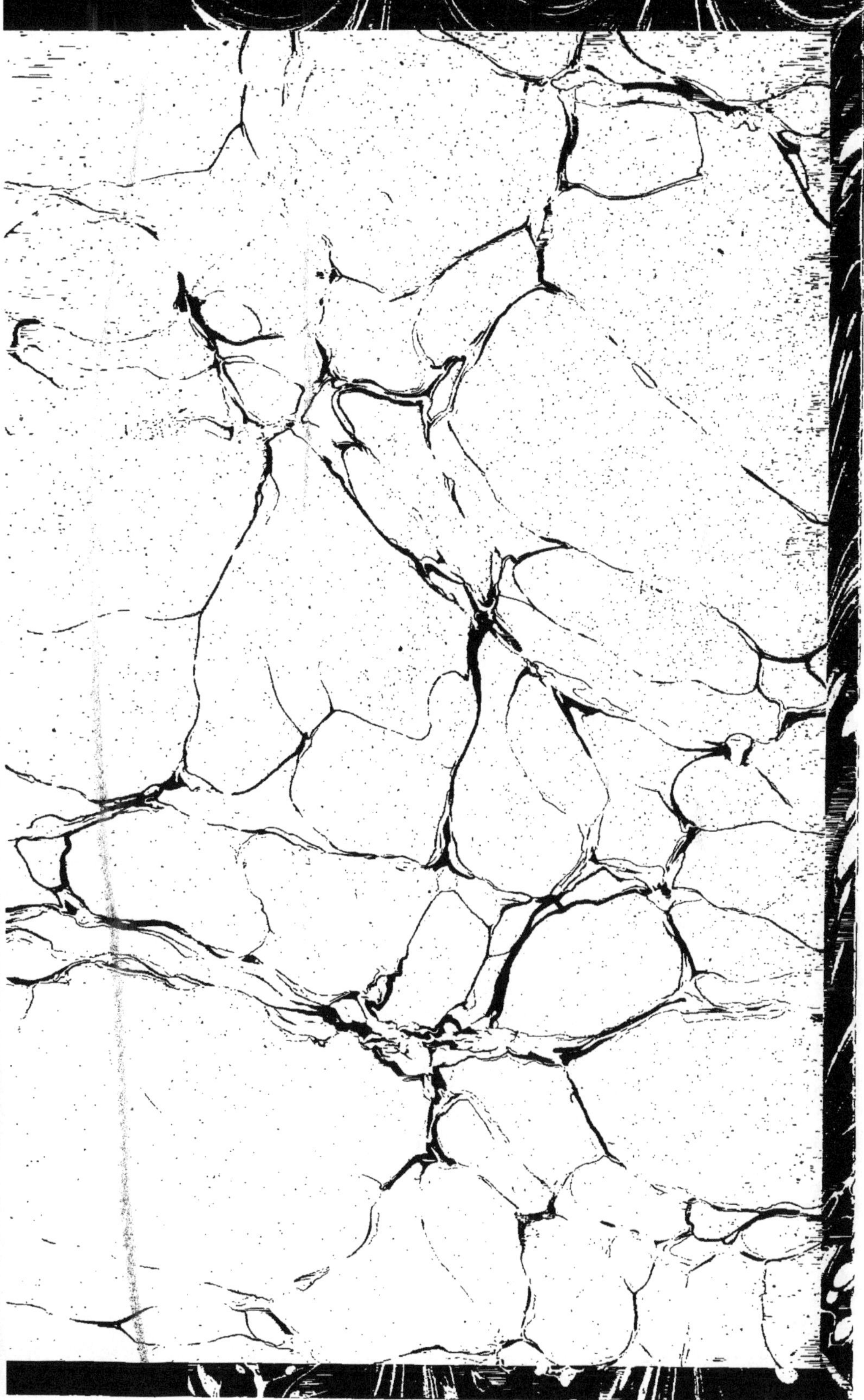

BIBLIOTHEQUE NATIONALE DE FRANCE
3 7531 03068679 5